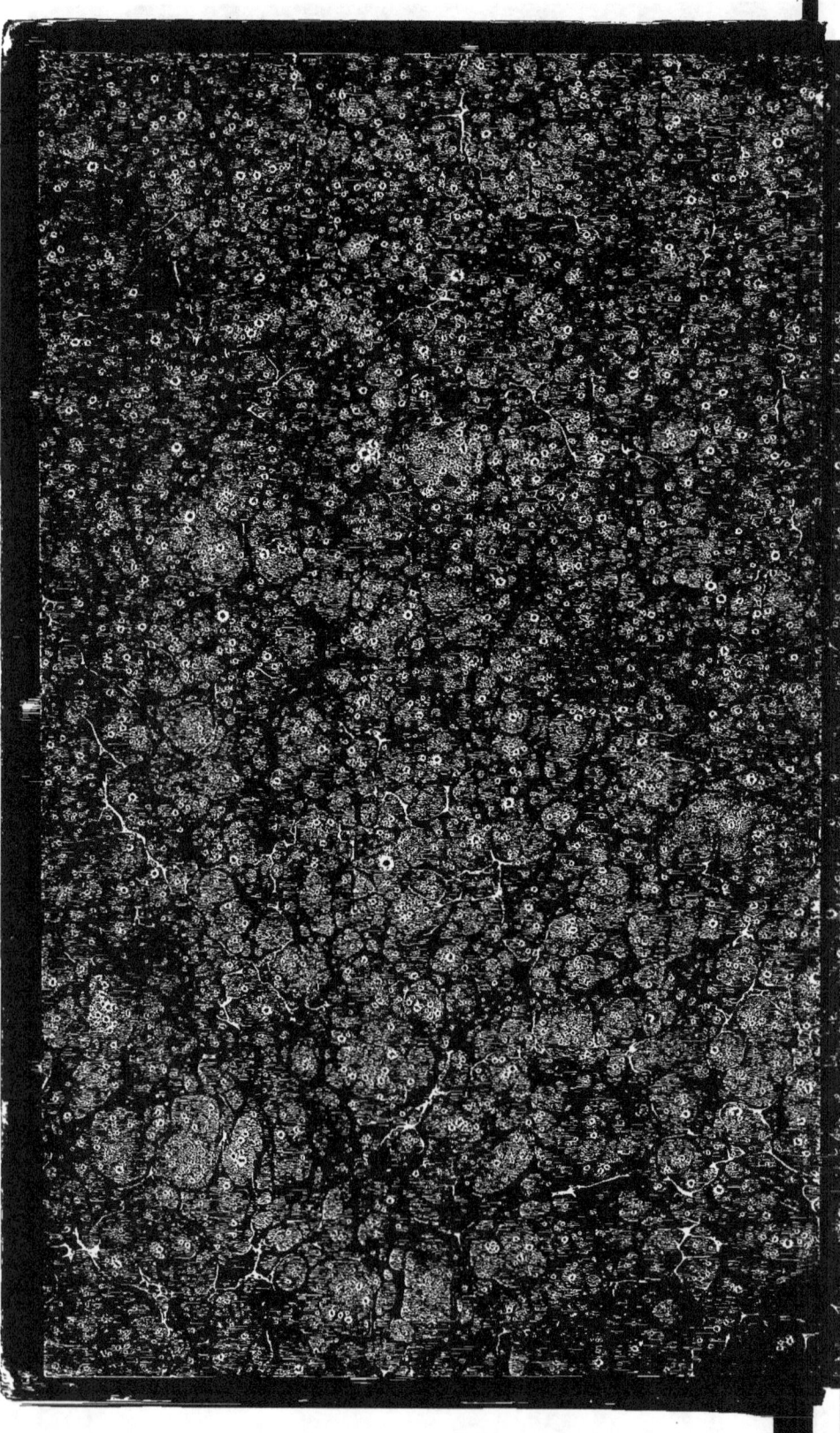

V

41800

HISTOIRE
DE LA
PEINTURE
FLAMANDE ET HOLLANDAISE

HISTOIRE
DE
LA PEINTURE FRANÇAISE

PAR

ARSÈNE HOUSSAYE

La première partie paraîtra en 1848.

Imprimerie de GUSTAVE GRATIOT, 44, rue de la Monnaie.

HISTOIRE
DE LA
PEINTURE
FLAMANDE ET HOLLANDAISE

PAR

ARSÈNE HOUSSAYE

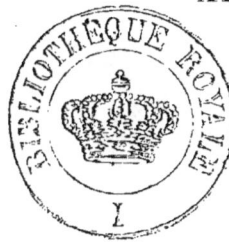

DEUXIÈME ÉDITION

I

PARIS

FERDINAND SARTORIUS, ÉDITEUR
17, QUAI MALAQUAIS

LONDRES : D. Nutt. | LEIPSICK : Teubner.

MDCCCXLVIII

Avant d'écrire ce livre, nous avons voyagé, car les musées sont les bibliothèques des annales de l'art ; nous avons étudié par la pensée à l'atelier de tous les peintres dont nous devions écrire l'histoire et interpréter les œuvres ; aussi on s'apercevra sans doute que notre style change plusieurs fois de caractère. Nous avons cherché à être austère et fervent avec les peintres primitifs, coloré et poétique avec Rubens, robuste et lumineux avec Rembrandt, pittoresque et familier avec Brauwer et Téniers, Terburg et Gérard Dow, inquiet et mélancolique avec Ruysdaël. En ceci, nous avons suivi l'exemple de Van Dyck, qui disait : « Quand je signe un portrait, c'est qu'il est beau, quand il est beau, c'est que j'ai passé dans l'âme du modèle. » Je signe mon livre, non pas avec la griffe cavalière de Van Dyck, mais en adoptant cette devise de Jean Van Eyck : ALS IKH KAN, — *Comme je puis.* —

FERDINAND SARTORIUS, ÉDITEUR, QUAI MALAQUAIS, 17.

Livres d'Art. — Livres à Estampes. — Romans et Voyages.

HISTOIRE DE LA PEINTURE FLAMANDE ET HOLLANDAISE, par *Arsène Houssaye*.
1 vol. in-folio, 100 magnifiques gravures sur cuivre d'après Rubens, Van Dyck, Rembrandt, Teniers, Ruysdaël, etc.   500 fr.
Édition format royal   300 fr.
Édition en 2 vol. in-8.   40 fr.
Édition in-8, avec les portraits de Rubens et de Rembrandt.   12 fr.
Grand in-8, papier vélin, avec un atlas de 50 planches.   125 fr.

REMBRANDT, SA VIE ET SES ŒUVRES, par *Arsène Houssaye*.
1 vol. in-folio, format royal, 20 eaux fortes gravées par Rembrandt (entre autres la célèbre *Descente de croix, la Mort de la Vierge, la Résurrection de Lazare, les deux Vénus*, etc.)   60 fr.

L'ARTISTE, *Encyclopédie moderne des Arts et des Lettres.* — Rédacteur en chef : M. Arsène Houssaye.
3 vol. grand in-4, rédigés par Lamartine, Sainte-Beuve, Théophile Gautier, Jules Janin, Léon Gozlan, Gérard de Nerval, Jules Le Fèvre, C. Lafayette, A. Esquiros, E. Pelletan, T. Thoré, P. Mantz, A. Desplaces, etc.
Chaque volume renfermant la matière de 10 vol. in-8, et 50 gravures hors du texte.   20 fr.
Chaque année (5 vol. et 100 grav. hors du texte par les graveurs contemporains).   60 fr.
Il paraît un numéro chaque dimanche, 52 col. grand in-4, couverture impr. et feuille d'annonces, avec 2 gravures sur acier. Chaque no.   5 fr.
Les souscripteurs à l'année reçoivent deux grandes gravures d'une valeur marchande de 30 à 40 fr., comme le *Chant national*, le *Harem*, *la danse des Nymphes*, etc.

SALON DE 1844, par Arsène Houssaye.
1 vol. in-4, 20 gravures.   15 fr.

SALON DE 1847, par Théophile Gautier.
1 vol. in-18.   2 fr.

SALON DE 1847, par Paul Mantz. 1 vol. in-18.   1 fr.

LE LIVRE D'OR, par Lamartine, Béranger, de Vigny, Hugo, Sand, Balzac, de Musset, Sainte Beuve, etc. 20 **GRAVURES** de Delacroix, Decamps, Diaz, Corot, Lehmann, Riffaut, Hédouin, Marvy, Leleux, Couture, etc., format in-folio, tirage sur chine.   20 fr.

HISTOIRE DU 41ᵉ FAUTEUIL DE L'ACADÉMIE FRANÇAISE, par Arsène Houssaye. 1 volume in-18 (sous presse).

GASPARD DE LA NUIT, fantaisies à la manière de Rembrandt et de Callot, par *Aloysius Bertrand*. 1 vol. in-8.   5 fr.

ŒUVRES D'UN DÉSŒUVRÉ, par Jules Le Fèvre. 2 vol. in-8°.   10 fr.

VOYAGE EN ORIENT, par Gérard de Nerval. 2 vol. in-8 (sous presse).   10 fr.

ROMANS, CONTES ET VOYAGES, par Arsène Houssaye. 2 beaux vol., format anglais (matière de 6 volumes in-8), à 3 fr. 50 c.   7 fr.
Ces 2 vol. renferment le *Voyage à Paris*, le *Voyage en Hollande*, *la Vertu de Rosine*, *le Joueur de violon*, *Marie de Joysel*, un roman sur les *Bords du Lignon*, *Rachel et Lucy*, *l'Arbre de science*, *le Ciel et la Terre*, *Pourquoi elle allait dans cette chambre à coucher*, *le Peintre d'enseignes*, etc., etc.

DANTE, MICHEL-ANGE, MACHIAVEL, par C. de Lafayette. 1 vol. in-8 (sous presse).   5 fr.

POÉSIES COMPLÈTES D'ARSÈNE HOUSSAYE (les *Sentiers perdus*, la *Poésie dans les bois*, *Poëmes antiques*). 1 vol. in-18 (sous presse).   3 fr. 50 c.

POÉSIES COMPLÈTES D'ALPHONSE ESQUIROS (les *Hirondelles*, les *Chants d'un Prisonnier*, *Poëmes bibliques*). 1 vol. in-18 (sous presse).   3 fr. 50 c.

GRAVURES IN-FOLIO.

Le Harem de Diaz.   20 fr.
Le Chant national de Charlet.   20 fr.
La Danse des Nymphes.   20 fr.
L'Orgie romaine de Couture.   10 fr.
Le Paradis flamand de Teniers.   15 fr.
Le Musico hollandais.   15 fr.
Suzanne au bain de Van Dyck.   10 fr.
L'Amour de l'or de Couture.   10 fr.
Le Contrebandier de Leleux.   10 fr.
500 gravures diverses à 1 fr.

PORTRAITS gravés de *Guizot, Nodier, C. Delavigne, A. de Musset, Salvandy, Mᵐᵉ Récamier à vingt ans, Mˡˡᵉˢ de Camargo, Sophie Arnould*, etc. Chaque portrait in-folio.   3 fr.

Imprimerie de Gustave Gratiot, 11, rue de la Monnaie.

INTRODUCTION

DE L'ART. DU BEAU DANS LES ARTS.
LE BEAU IDÉAL. LE BEAU PITTORESQUE.
DES DESTINÉES DE L'ART.
NAISSANCE DE L'ART CHEZ LES FLAMANDS ET CHEZ LES HOLLANDAIS.
LES POËTES ET LES HISTORIENS EN FLANDRE ET EN HOLLANDE.
LE COMMENCEMENT ET LA FIN.

I.

L'Art, dans sa mission suprême, doit aspirer sans cesse à l'infini en gravissant cette montagne invisible qui descend jusqu'à nos pieds et qui s'élève jusqu'à Dieu. C'est sur cette âpre montagne que fleurit l'Idéal. Mais l'Art a plus d'une route ouverte devant lui; s'il manque de souffle pour atteindre aux plus hauts sommets, il suivra la

Vérité qui sort du puits toute nue et toute ruisselante encore.

L'Idéal et la Vérité, voilà les deux suprêmes caractères de l'Art. Mais, après Dieu, quel est le radieux inspiré, sinon Raphaël ou Corrége, qui a rassemblé les deux faces de l'immortelle Beauté? On ne demande pas tant de force et tant de grâce, tant d'âme et tant d'éclat pour saluer un chef-d'œuvre. Il ne faut pas exiger des artistes, même des grands artistes, ce que Dieu ne leur a pas donné. Permettez à l'un d'être un peintre savant et philosophe, à l'autre d'être un tendre rêveur et délicat; à celui-ci un poëte épris de la forme, à celui-là un panthéiste amoureux de tout ce qui vit, sans chercher à comprendre le mystère de la création.

Avant la main qui exécute, on placera toujours le front qui pense, les yeux de l'âme avant les autres. La pensée, c'est le génie : c'est surtout là que le grand artiste se révèle ; car la pensée, c'est Dieu qui la donne. La pensée n'a point d'entraves ; comme l'aigle de Jupiter, elle a tout l'espace devant elle ; elle parcourt la terre et s'élève jusqu'aux splendeurs invisibles ; elle est souveraine maîtresse du monde. L'exécution, fille de l'étude, est l'Art matériel; elle porte les chaînes de l'imitation; elle est emprisonnée par les règles, les écoles, les modes même. Mais, précisément à cause des périls qui l'entourent, il faut la traiter avec un grand respect : le sculpteur grec, lorsqu'il traduisait la Beauté dans le marbre, n'était-il pas grand comme Homère traduisant dans ses vers les passions divines et humaines?

Le génie n'est pas l'œuvre du hasard, mais l'œuvre de la pensée. Proclamons tout haut que l'Art ne doit regarder que par les yeux de l'âme. Timanthe voulait peindre une tempête : il alla sur la rive un jour d'orage; il voyait et ne pensait pas. Il peignit avec tant de calme, que sa tempête n'avait ni mouvement ni frayeur. Il brisa ses pinceaux et jeta sa palette à la mer. Il s'en revint humble et triste comme un héros vaincu. Le mauvais temps l'obligea d'entrer dans une école de rhéteur; on y lisait une page d'Homère, la description d'une tempête. Timanthe sentit son cœur battre, son imagination prit feu, les belles images d'Homère flottèrent toutes vivantes dans sa pensée : il courut à son atelier, il se remit à l'œuvre et peignit une tempête qui l'épouvanta lui-même.

Hogostraeten, Hagedorn et Diderot ont raconté cette autre histoire :

A Leyde, Kniphergen, Van Goyen et Percellis, trois peintres de paysage et de marine, discutaient souvent au fond de la taverne enfumée, pour faire prévaloir qui son dessin, qui sa couleur, qui sa manière. N'ayant point toutes créées les théories prêchées par les livres et par les journaux, on ne pouvait guère discuter longtemps. La phraséologie de l'Art se résumait en quelques mots ; on s'enthousiasmait, on s'injuriait et on buvait de la bière. Un jour que Kniphergen, Van Goyen et Percellis ne trouvaient plus d'injures à se dire, Van Goyen proposa de donner raison à celui d'entre eux qui du matin au soir achèverait le meilleur tableau. La gageure fut acceptée ; on appela des amis sans nombre pour décider de la lutte. Kniphergen fut le premier à l'œuvre : c'était un paysagiste qui reproduisait avec une grande vérité les sites, les eaux, les bois, les lointains. Il jeta un arbre sur la toile avec magie, comme s'il l'eût détaché tout entier de sa palette. Après avoir planté l'arbre, il créa le terrain ; il fit le nuage avant de faire le ciel; il suspendit le rocher avant d'élever la montagne : pareil à ces rimeurs à qui la rime seule donne l'idée, Kniphergen trouva son paysage par hasard.

Van Goyen ne se demanda pas non plus ce qu'il allait faire. Il commença par répandre sur la toile toutes les couleurs les plus opposées. « Quand j'ai le chaos, disait-il, la lumière vient. » En effet, on vit bientôt sortir de son pinceau, sur cette toile confuse, une rivière, une prairie, des vaches vivantes, un clocher lointain; en un mot, tout ce qui avait frappé ses yeux dans ce bon pays hollandais. Il n'avait pas pensé, mais il avait cherché.

Cependant Percellis était depuis deux heures devant son chevalet, immobile, silencieux, sans donner un coup de pinceau. On commençait à le plaindre tout bas, surtout en voyant l'ardeur aveugle de Kniphergen et la hardiesse heureuse de Van Goyen; mais, au soleil couché, Percellis surprit et enthousiasma les juges par la beauté de sa marine. Il y avait dans cette œuvre, dans cette mer houleuse, dans ce vaisseau perdu sur l'immensité, dans ce ciel obscurci où le soleil se montrait sous la nue, je ne sais quoi de grandiose qui frappait l'âme autant que les yeux.

Les juges de la taverne donnèrent gain de cause à Percellis, c'est-à-dire à l'idée.

L'Art d'ailleurs existe beaucoup par la variété. Il ne faut pas le restreindre à un seul caractère; il faut reconnaître la puissance et l'éclat de toutes les écoles, depuis celle qui idéalise la forme humaine pour rappeler son origine céleste jusqu'à celle qui saisit la nature dans toute sa brutalité puissante et mystérieuse. Il n'y a point de mauvaises écoles, il y a de mauvais peintres. Rembrandt a raison dans les brumes de la Hollande, comme Raphaël sous le ciel italien. Cependant l'école flamande et hollandaise, dans sa sève luxuriante, a trop méconnu les droits de la pensée et du sentiment. Plus inquiète des forces vivantes de la Vérité que des hautes cimes de l'Idéal, elle n'a pu atteindre à cette Beauté dont la Grèce et l'Italie ont laissé de si précieux monuments.

La recherche du Beau dans les arts a préoccupé tous les philosophes; les grands poëtes et les grands artistes sont arrivés à la Beauté sans toujours la chercher, guidés par le génie qui vient de Dieu, rayon qui éclaire l'âme comme le soleil éclaire la figure. La philosophie qui raisonne sur l'Art ressemble souvent à la tortue de la fable; la poésie a les ailes de l'aigle pour parcourir le même espace. Ovide, en parlant des poëtes, dit : « Il y a un Dieu au dedans de nous-mêmes. » Il aurait pu ajouter : C'est lui qui donne la vie à nos œuvres; il est la lumière de notre esprit; c'est par lui que nous découvrons le Beau.

Le sentiment du Beau est un sentiment profondément humain : c'est l'aspiration vers le monde des merveilles, c'est le rêve de l'amour et de la poésie. Celui-là est indigne de l'Art qui cherche le Beau dans les livres; il ne sera jamais l'interprète de Dieu et de la nature, si, comme OEdipe au sphinx, il n'arrache à son cœur le mot de l'énigme. Cependant, avant que le jour se lève pour son âme, il pourra demander au poëte le secret de la Beauté; car Homère le découvrit avec la poésie, et Phidias le découvrit en lisant Homère. Les Grecs ne s'épuisaient pas en vaines discussions pour rechercher le caractère du Beau : ils lisaient l'Iliade et s'agenouillaient devant le Jupiter Olympien de Phidias. Aucun peuple n'a eu plus d'aspiration vers le Beau. A la vue des chefs-d'œuvre grecs venus jusqu'à nous, on pourrait croire, comme a dit Schlegel, qu'ils étaient assis au conseil des dieux assemblés pour la création de l'homme.

Platon et Aristote, seuls entre tous les philosophes, voulurent étudier les lois du Beau. Platon met en scène, dans un dialogue, un sophiste qui se vante d'apprendre au monde où il le trouvera ; mais bientôt Socrate le vient confondre en sa vaine science. Platon a surtout voulu montrer l'erreur des sophistes ; mais, en disant ce que le Beau n'est pas, dit-il ce qu'il est ? La critique a vécu longtemps avec cette sentence du grand philosophe : *Le Beau, c'est la splendeur du Vrai.* Il faudrait plutôt dire : *C'est le Vrai dans sa splendeur.* C'est la nature sous un rayon du ciel. Dans un autre dialogue, Platon essaie encore de définir le Beau : « C'est la puissance créatrice qui appelle l'Inspiration. » Plus loin, il parle de son origine toute céleste ; il le fait descendre parmi nous comme un reflet de l'essence divine qui se révèle au monde : aussi, dans le corps terrestre qui le renferme, rappelle-t-il toujours la source où il a été puisé. Le Beau agite notre cœur comme une mélodie céleste, pour l'emporter dans les splendeurs où est Dieu. Aristote, qui a voulu tout dire, a déclaré que le Beau était le Vrai. Pour lui, l'Art n'est qu'un miroir qui réfléchit le monde visible. Depuis l'antiquité jusqu'au xviiie siècle, la théorie du Beau ne fut étudiée qu'au hasard par des esprits moins vastes. Au xviiie siècle, Locke en Angleterre, Leibnitz en Allemagne, les deux apôtres les plus opposés, voulurent démontrer systématiquement le Beau. Le premier le chercha dans le sensualisme, le second dans le spiritualisme. Locke fut écouté, Leibnitz ne fut pas compris. Locke eut des échos en France et en Allemagne; Leibnitz n'eut même pas pour lui les hommes de sa nation; mais il ne tarda pas à être vengé[1]. Que dirons-nous de Burke, qui ne trouva rien de mieux, comme définition du Beau, que ces trois mots : la douceur, la légèreté, le poli? Kant a écrit en maître sur le sentiment du Beau et du Sublime; il a reconnu que le caractère du Beau était l'apparition immédiate de l'Infini dans le Fini. Schiller

---

[1] L'école de Leibnitz a décidé que le Beau est la perfection; mais pourquoi l'école ne nous a-t-elle pas dit ce qu'est la perfection?

a interprété en poëte la philosophie de Kant. Avant Kant, Winkelman a parlé des arts comme Buffon de la nature; il a fait revivre l'antiquité en l'interprétant. Ce qu'il a dit du Beau est un écho sonore de Platon; même devant l'œuvre de l'ancienne Grèce, il chante un hymne à la Beauté morale. Mengs, qui a eu le tort d'écrire, parce que dès le premier jour où il a consigné ses principes il s'est regardé peindre, a dit que le Beau consiste dans l'unité du rapport des choses représentées avec l'idée de leur destination. Mengs, le peintre méditatif et religieux, aurait mieux fait pour sa gloire de signer un tableau de plus. Lessing a admis la Beauté diversifiée et non point la Beauté unique; il a distingué la Beauté architectonique de la Beauté d'expression. Il conclut pour le Beau idéal : « Imprégner l'œuvre de l'idée du Beau réfléchie par l'âme dans toute sa pureté. » Fernow, flottant entre Platon et Aristote, entre Leibnitz et Locke, cherchait l'accord de l'Idéal et de l'Imitation. Goëthe, plus artiste que religieux, voyait plutôt la Beauté dans la statuaire de Phidias que dans la peinture de Raphaël. Carstens fit fleurir le sentiment moderne dans un vase sculpté par un Grec. Les Schlegel ont expliqué le Beau sans le comprendre, ou plutôt l'ont compris sans l'expliquer. Crouzas [1] dit que la Beauté demande cinq caractères : l'unité, la variété, l'ordre, la proportion et la régularité. Le lecteur a déjà compris que, dans ces cinq caractères pompeusement décrits par Crouzas, on peut en supprimer trois : l'ordre, la proportion et la régularité, qui ne sont que des corollaires à l'unité, plantes stériles qui ont caché au philosophe la fleur du Beau ; car nous ne pouvons pas admettre que, suivant les cinq caractères de Crouzas, on arrive à créer une œuvre admirable. Nous aimons le livre de Hutcheson [2], qui ne décide rien, mais qui fait penser. Hutcheson établit l'existence d'un sixième sens, sens interne « qui nous sert à distinguer les belles choses, comme celui de la vue à discerner les formes et les couleurs. » Nous croyons en effet

---

[1] *Traité du Beau.*

[2] *Recherches sur les idées de la Beauté et de la Vertu.* Parmi les penseurs anglais qui ont écrit sur le Beau, on doit distinguer le célèbre Joshué Reynolds, esprit vaste et élevé. Hogarth a voulu aussi rechercher le caractère du Beau ; il ne comprenait que le Beau pittoresque : « La ligne ondoyante est celle de la Beauté. »

à ce sixième sens, comme nous croyons à notre âme; c'est lui qui voit et sent le Beau partout où il est naturellement, sans passer par les lois de l'habitude et de la convention. Diderot comprenait passionnément le Beau. « Quand on considère certaines figures de Raphaël, on se demande où il les a prises : dans une imagination forte, dans les poëtes, dans les nuages, dans les accidents du feu, dans les ruines. » Ainsi Diderot prêchait le Beau dans l'Idéal; il voulait que la pensée ou le sentiment revêtît les formes les plus riches. Diderot, qui passait pour un athée, avait un culte fervent pour l'Art. Il accordait au pinceau le privilége de sanctifier et de diviniser tout ce qu'il imitait dans la nature[1].

Les contemporains ont trouvé sur le Beau des

---

[1] Le plus célèbre et le plus pauvre traité que nous ayons en France sur le Beau est celui du père André, qui fut tour à tour trop vanté par les pédants et trop décrié par les esprits sérieux, passant ainsi du sublime au ridicule. Le père André divise le Beau en quatre espèces : le Beau visible, le Beau dans les mœurs, le Beau dans les ouvrages d'esprit et le Beau musical. Le Beau visible est celui qui représente les arts; il est, comme les autres, subdivisé en trois espèces : l'essentiel, le naturel, l'artificiel. Comme Crouzas, comme tous ceux qui bâtissent un système avec des mots et non avec des idées, le père

FLAMANDE ET HOLLANDAISE.   13

idées et des sentiments. Lamennais l'appelle la forme du Vrai; Cousin le voit dans l'expression : « Ce n'est que par l'expression que la Nature est belle. » Lamartine s'est écrié :

> Beauté, secret d'en haut, rayon, divin emblème,
> Qui sait d'où tu descends? qui sait pourquoi l'on t'aime?
> Pourquoi l'œil te poursuit? pourquoi le cœur aimant
> Se précipite à toi comme un fer à l'aimant,
> D'une invincible étreinte à ton ombre s'attache,
> S'embrase à ton approche, et meurt quand on l'arrache?
> Soit que, comme un premier ou cinquième élément,
> Répandue ici-bas et dans le firmament,

André s'égare dans la régularité, l'ordre, la proportion et la symétrie, sans arriver à rien d'élevé, sans répandre sur son passage le rayon lumineux d'un esprit bien doué.

Voltaire a réfuté avec toute sa raison l'auteur demeuré inconnu d'un *Essai sur le Mérite et sur la Vertu* où il est dit que l'utile est le seul fondement du Beau. « Pour donner à quelque chose le nom de Beauté, il faut, a dit Voltaire, qu'elle cause du plaisir et de l'admiration. » En effet, un portrait ressemblant est plus utile qu'une figure de fantaisie; mais qui ne découvrira plutôt le Beau dans une figure de fantaisie que dans un portrait?

[1] Il faudrait étudier sur cette thèse Châteaubriand, Rémusat, Hugo, Jouffroy, Guizot, Vitet, Sainte-Beuve, Théophile Gautier, Thoré, Peisse, Eugène Pelletan, George Sand, qui n'ont pas écrit sur le Beau, mais qui çà et là, au passage, ont dit ce qu'il était.

> Sous des aspects divers ta force se dévoile,
> Attire nos regards aux regards de l'étoile,
> Au mouvement des mers, à la courbe des cieux,
> Aux flexibles roseaux, aux arbres gracieux ;
> Soit qu'en traits plus brûlants sous nos yeux imprimée,
> Et frappant de ton sceau la nature animée,
> Tu donnes au lion l'effroi de ses regards,
> Au cheval l'ondoiment de ses longs crins épars,
> A l'aigle l'envergure et l'ombre de ses ailes,
> Ou leur enlacement au cou des tourterelles ;
> Soit, enfin, qu'éclatant sur le visage humain,
> Miroir de ta puissance, abrégé de ta main,
> Dans les traits, les couleurs, dont ta main le décore,
> Au front d'homme ou de femme où l'on te voit éclore ;
> Tu jettes ce rayon de grâce et de fierté
> Que l'œil ne peut fixer sans en être humecté,
> Nul ne sait ton secret, tout subit ton empire ;
> Toute âme à ton aspect ou s'écrie ou soupire.

Nous ne suivront pas toutes les autres rêveries que ce thème a inspirées aux philosophes ; c'est un chaos d'où la lumière jaillit, mais comme un éclair qui passe. Cette matière repousse les formes arides de l'école ; et, comme il faut sur ce point juger plutôt par le sentiment que par la métaphysique, par l'enthousiasme que par la raison, il nous semble que c'est à un poëte seul qu'il est réservé de dire ce que nous sentons tous. Mais déjà, bien avant Lamartine, Du Fresnoy n'a-t-il pas défini la Beauté dans les Arts en disant de la Poésie : « C'est une peinture parlante, » et en disant de la Peinture : « C'est une poésie muette[1] ? » Oui, chaque fois que le peintre sera poëte, chaque fois que le poëte sera peintre, il arrivera naturellement à la Beauté, car il embellira la Vérité humaine par le souvenir du ciel.

La Beauté rêvée par le sculpteur se retrouve autour de lui dans le monde qui s'agite à ses pieds, mais par fragments épars. La première femme que Dieu a créée était belle comme celle que rêve le sculpteur; mais peu à peu les formes si parfaites sous la main du divin Créateur s'altèrent en passant par la main des hommes. On re-

[1] Ut pictura poesis erit; similisque poesi
Sic pictura refert per æmula quæque sororem;
Alternantique vices et nomina; muta poesis
Dicitur hæc, pictura loquens solet illa vocari.
L'Art de la Peinture, par Du Fresnoy.

Un autre poëte, un illustre poëte, Simonide, avait, avant le grand règne des arts, exprimé la même idée, selon Plutarque : Ζωγραφίαν εἶναι φθεγγομένην ἐν τὴν Ποιησίν, Ποιησιν δέ σιγωξαν τὴν Ζωγραφιαν.

connaît encore la Beauté, mais incomplète. Ici cette fille d'Ève a le cou noble et ondoyant, là cette autre a les yeux fiers et doux; celle-ci a les jambes admirablement modelées, celle-là a le pied léger comme Vénus courant sur les eaux; mais n'est-ce pas toujours la sublime allégorie de Zeuxis peignant Hélène?

Il peut s'écrier avec Zeuxis : AD ÆTERNITATEM PINGO, le peintre qui s'élève au dessus des modes et des idées de son temps, pour que tous les siècles le comprennent, qui s'élève au dessus de la Nature locale et de la Beauté individuelle pour atteindre, comme Phidias et Raphaël, au style sublime de la Beauté idéale, pour frapper l'âme, la pensée, l'imagination, en même temps que les yeux. Or, comment arrivaient-ils, ces deux maîtres immortels, à cette Beauté si inaccessible? Écoutez Cicéron [1] : « Phidias, ce grand artiste, quand il faisait une statue de Jupiter ou de Mi-

---

[1]. *Orator*. « Neque enim ille artifex (Phidias), cum fecerit Jovis formam aut Minervæ, contemplabatur aliquem à quo similitudinem duceret; sed ipsius in mente insidebat species pulchritudinis eximia quædam, quam intuens in eâque defixus ad illius similitudinem artem et manum dirigebat. »

nerve, n'avait pas sous les yeux un modèle particulier dont il s'appliquait à exprimer la ressemblance, mais au fond de son âme résidait un type accompli de la Beauté, sur lequel il tenait ses regards attachés, et qui conduisait son art et sa main. » Écoutez maintenant Raphaël lui-même, Raphaël, qui, sous le ciel italien, quand il avait la Fornarine sous les yeux, déclarait manquer de beaux modèles. Dans sa lettre à Castiglione, Raphaël parlant de la Galatée lui dit : « Comme je manque de beaux modèles, je me sers d'un certain idéal qui est dans ma pensée[1]. »

Dans tous les siècles dignes des Arts, les esprits rêveurs et enthousiastes ont tenté de s'élever au dessus de la nature ; toutes les âmes traversées d'un rayon d'en haut ont eu des aspirations infinies vers les sphères de l'Intelligence divine. Ne trouve-t-on pas dans toutes les langues des mots pour exprimer cet amour de la perfection ? Ainsi LE BEAU IDÉAL est consacré dans la nôtre. Ce serait pourtant une idée arbitraire, qui forcerait

---

[1] « *Essendo carestia e de' buoni giudici e di belle donne, io mi servo di certa idea che mi viena alla mente.* »

l'artiste à chercher le Beau idéal dans les régions imaginaires; pour ne pas imiter la nature, on arriverait à créer des monstres. Le Beau idéal est sur la terre où nous vivons ; c'est là qu'on doit le chercher ; mais, outre qu'il faut le voir à travers les grandes idées, par l'âme comme par les yeux, il faut encore saisir l'instant où le Beau individuel devient le Beau idéal. C'est toujours par la nature qu'il faut commencer et qu'il faut finir. C'est par la nature qu'il faut s'élever jusqu'à Dieu ; c'est par l'œuvre qu'il faut juger le maître. Si vous ne marchez pas avec le divin rayon des âmes poétiques, si la Beauté n'est pas en vous, les Arts, qui l'ont recueillie et fixée çà et là, vous permettront de la voir et de l'étudier. Dans Saint-Pierre de Rome, la merveille austère, placez Niobé et ses filles; ou, pour avoir face à face le Beau idéal et le Beau humain, placez l'Apollon du Belvédère et la Vénus de Milo; devant la Transfiguration de Raphaël étalez pieusement quelques fragments de peinture antique; et, pendant que l'orgue résonnera sous les inspirations de Pergolèse ou de Mozart, ouvrez tour à tour Homère et Dante.

Pour trouver le Beau, il faut savoir, comme

Prométhée, dérober le feu du ciel; comme Ève, il faut mordre à la pomme fatale; comme la pécheresse de Samarie, il faut boire une goutte d'eau vive de l'amour de Dieu; comme Jésus-Christ, il faut avoir approché ses lèvres du calice amer. Le Beau, tel que nous le voulons aujourd'hui, c'est un autel d'or et de marbre sculpté par Phidias, d'où s'élève jusqu'au ciel la flamme pure du divin sentiment; c'est la Vénus de Praxitèle versant les larmes de la Madeleine de Corrége ou de Rubens. Le Beau, c'est le souvenir du ciel qui passe sur la créature humaine; c'est la vendangeuse qui s'incline sous le pampre avec un sourire de fête, c'est le héros tout couvert de sang qui pense à sa patrie. Le Beau est partout; les poëtes l'ont rencontré à chaque pas, dans la fleur battue par l'orage, dans les roches moussues où jaillit la cascade, dans la mer sans bornes, dans la forêt profonde et ténébreuse. Homère l'a vu majestueux et grand comme Jupiter, Virgile l'a vu parfait comme Vénus, Eschyle l'a vu terrible comme une tempête sur l'Océan.

Le Beau, c'est le souvenir de celle que vous adoriez au matin de la vie, à cet âge d'or où tous tant que nous sommes, enfants de Dieu, nous effeuillons sans y songer les fraîches primevères de la poésie. Cette jeune fille, tout admirable qu'elle fût, n'était pas belle de la souveraine Beauté; un statuaire n'aurait voulu ni de ses pieds ni de son sein pour représenter l'altière chasseresse aux flèches d'or, ou la déesse aux beaux yeux, Vénus, reine de Chypre, couronnée de violettes; un peintre n'aurait trouvé dans cette jeune fille ni une vierge protégée par les anges, ni une pécheresse belle pour la passion. Cependant, dans vos souvenirs, à travers les voiles embaumés de votre jeunesse, vous la voyez apparaître sous la couronne radieuse de la Beauté, élancée et svelte comme le jeune platane des forêts vierges, éclatante et fraîche comme l'arbre de Judée, quand les perles de rosée roulent sur les fleurs aux premiers soleils d'avril. Vous admirez ses pieds nus qui courent dans l'herbe, tout parfumés de thym et de marjolaine. Vous dénouez en tremblant ses longs cheveux, qui tombent à ses pieds comme les branches du saule pleureur. Votre bras s'enlace, comme le pampre à l'ormeau, sur sa hanche ondoyante. Vos yeux rencontrent ses yeux, qui se mouillent d'une larme, qui s'illuminent d'un rayon; vous tombez à ses pieds et vous saluez la Beauté. Oui, pour vous, cette jeune fille, vue dans le prisme du passé, c'est la Beauté. Elle n'était que l'ébauche; vous lui avez donné, dans vos rêveries de vingt ans, la grâce suprême, le contour exquis, le sentiment qui brille dans le regard, la volupté qui agite les lèvres; vous lui avez donné tout ce qui est splendeur et vie, si vous êtes un poëte ou un artiste, si vous devinez le ciel ou si vous vous en souvenez, si Dieu vous a confié la mission d'achever ici-bas son rêve commencé là-haut.

La Beauté, qui m'est apparue souvent, est plutôt dans notre âme que sous nos yeux, car je la vois aujourd'hui plus distinctement qu'au temps où elle m'apparaissait : l'âme lui a donné plus de grandeur et plus de grâce, plus de caractère et plus de charme, car l'âme est un rayon de Dieu qui colore la vie et la nature.

On demandait au Tasse : « Qu'est-ce que la poésie? » Comme il était sur une montagne, il répondit en indiquant la vallée et le ciel, le fleuve et le nuage, la forêt et le soleil, la nature et Dieu :

« La poésie, la voilà! » Si vous me demandez ce que c'est que la Beauté, je vous conduirai sur la montagne, quand le soleil est à son couchant, quand le ciel se dore et s'empourpre des teintes les plus riches, quand l'abeille abandonne la fleur du sainfoin pour retourner à la ruche, quand la moissonneuse renoue ses cheveux sur la gerbe embaumée, à l'ombre du château où l'on voit apparaître comme un songe quelque figure noble et pensive. Et, après vous avoir indiqué silencieusement toutes les splendeurs du ciel et de la terre, je vous répondrai : La Beauté, c'est la nature vue à travers la poésie.

La vraie patrie du Beau humain, c'est la Grèce. Il y régnait, on peut le dire, la religion du Beau, dans ces grands siècles où la jeunesse n'avait d'autres voiles, pour cacher sa nudité, que la chasteté des Athéniens, comme le dit si bien Winkelman. Socrate allait instruire ses disciples sur les places publiques, au spectacle des jeunes garçons et des jeunes filles qui luttaient de force et de grâce, soit dans les jeux des gymnases, soit dans les danses symboliques. Phidias avait là ses modèles ordinaires. C'était là qu'il étudiait les beaux contours, les beaux groupes, les belles attitudes. Sophocle, artiste autant que poëte, avait un culte fervent pour la Beauté ; le premier il donna sur le théâtre d'Athènes le spectacle de la nudité aux fêtes de Cérès. Phryné et Cratina voulurent être belles pour tous les yeux ; elles se baignèrent devant toute la Grèce. Ce jour-là, l'artiste trouva Vénus naissant sur l'écume de la mer. Praxitèle adorait Phryné et Cratina quand il sculptait la Vénus de Gnide.

En Flandre et en Hollande, la Beauté ne s'est jamais épanouie sur les places publiques aux yeux des poëtes et des artistes. Elle se cache, comme ces fleurs discrètes et craintives qui ne brillent que la nuit et dans la solitude. Aussi, quand l'art naquit dans ces contrées sans soleil, ce fut pour exprimer le sentiment ou la couleur, et non pour rendre la grâce du contour. Dans les Pays-Bas, il y eut deux mille peintres ; il y eut à peine deux sculpteurs.

Quel est le caractère du Beau qui a préoccupé les Flamands et les Hollandais? La passion du coloris avait émoussé chez eux tout sentiment élevé. Ils ont avant tout cherché la force, l'exubérance, la fraîcheur et l'éclat, sans jamais perdre de vue la Vérité. Ils ont aveuglément répété avec Platon : « Le Beau est la splendeur du Vrai, » mais sans interpréter la pensée du philosophe, comme ils ont fait pour celle d'Aristote : « L'Art est l'imitation de la nature. » Ils ont trop voulu séduire les yeux : ce n'est pas l'œil, mais l'esprit, que le grand artiste doit captiver. Les Flamands et les Hollandais ont trop peu vu par l'esprit, ils ont eu ce qu'on appelle « le langage des peintres; » ils ont prouvé qu'ils savaient parler, sauf à ne rien dire quelquefois.

Il y a une Beauté qui est un peu en dehors des grands caractères de l'Art, c'est la Beauté pittoresque. Elle vous frappe par sa divinité naïve et terrestre, elle vous séduit par son exubérance, par sa grâce un peu chevaleresque et par sa noblesse un peu bruyante, par son grand caractère de vie et de vérité. Elle apparaît dans les jeux de la lumière qui poétise le sombre intérieur de l'alchimiste, qui fleurit le vitrage gothique de la ménagère; on la découvre dans la franche gaieté de la kermesse, dans la philosophie des fumeurs et des buveurs de bière; elle vous saisit dans l'aspect de la tempête sur la mer sans bornes, du clocher aigu protégeant l'humble maison du pêcheur; elle vous touche au bord du bois, au déclin de l'automne, devant une cascade bruyante, sous la mélancolie du soleil couchant. Vous avez reconnu Van Eyck, Rubens, Van Dyck, Rembrandt, Ostade, Teniers, Van den Velde, Ruysdaël.

Après trois siècles de gloire, les Flamands et les Hollandais ont perdu peu à peu le sillon lumineux du génie national; ils se sont pour ainsi dire dépaysés. Au lieu d'imiter librement la nature comme leurs ancêtres, ils ont imité les peintres leurs voisins, abdiquant ainsi toute originalité. Mais les belles époques renaîtront pour eux comme pour nous. En aucun siècle, disons-le à la gloire du nôtre, un plus vif sentiment de l'Art n'a pénétré dans les mœurs. Depuis vingt ans, de nobles enthousiasmes et de hautes tentatives ont prouvé que l'Europe entière était artiste ou le devenait. Jamais on n'a taillé plus de marbre, jamais on n'a broyé plus de couleur. Certes, bien des jeunes disciples qui sont partis pour combattre reviendront sans avoir vaincu; mais nous ne sommes pas de ceux qui désespèrent des hommes de leur temps. Nos contemporains ne dépasseront ni Michel-Ange, ni Rembrandt, ni Poussin, ni aucun des illustres maîtres qui sont la gloire du monde où nous vivons; mais l'Art n'est pas au terme de ses destinées. Il n'y a que les esprits impuissants qui condamnent l'avenir par le passé.

On a dit qu'il fallait la foi à l'Art, on a cité les pieux artistes du xive et du xve siècle; mais l'Art est à lui seul une religion digne de toutes les autres. S'élever à Dieu par l'Infini, par l'Idéal, par la Beauté, n'est-ce pas croire en lui comme en soi-même? Vasari rapporte que la cour de Rome allait élire Raphaël cardinal, s'il ne fût pas mort si tôt, Raphaël eût peut-être accepté, mais il fût demeuré artiste, aimant la Fornarina et peignant Galatée, s'élevant à Dieu par la montagne invisible de l'Idéal.

Tant que le soleil luira sur la terre, il se trouvera des hommes épris de l'Art; tant qu'il y aura un homme ici-bas, il y aura une aspiration vers l'Infini : l'Art est une seconde vie où vont tous les nobles cœurs. Dieu, l'Artiste suprême, ayant créé le monde et le voyant imparfait, ne daigna pas recommencer son œuvre; il aima mieux rêver un autre monde plus beau, plus grandiose, plus éblouissant, plus digne de lui-même, nouveau paradis terrestre où la Poésie, Ève après le péché, se promène dans toute sa splendeur. L'Art est cet autre monde. Le peintre qui marche avec la Poésie, le poëte qui marche avec la Peinture, réalisent le rêve de Dieu.

II.

Les Grecs n'ont cherché à rendre la créature humaine que dans son aspect extérieur[1]; ils l'ont douée, il est vrai, de toute la force, de toute la grâce, de toute la beauté que Dieu a données à l'homme et à la femme; ils l'ont fait vivre de toutes les splendeurs visibles, exprimant même ses passions par les mouvements du corps; mais

---

[1] Depuis que ces lignes sont écrites, nous avons vu à Naples la Psyché de Praxitèle, qui est empreinte de toute la poésie rêvée par les modernes. Corrége et Prudhon n'ont pas atteint à un plus beau sentiment; mais cette Psyché, cette fleur immortelle de Beauté idéale, est-elle de Praxitèle? Nous avons rapporté de Baïa une tête de Muse du style le plus expressif que nos sculpteurs célèbres ont vivement admirée; mais cette œuvre, digne du siècle d'or, est-ce bien un antique?

on peut affirmer aussi que ce rayon de divin sentiment qui a illuminé l'œuvre des peintres, depuis le Pérugin jusqu'à Prudhon, ils ne l'ont pas senti, ils ne l'ont pas deviné, ils ne l'ont pas vu briller sur leur palette. Les artistes grecs, qui étaient surtout des sculpteurs, ont divinisé l'homme par la forme corporelle, par les lignes exquises, par la grandeur, la force et la grâce du contour. Les Italiens de la renaissance, qui étaient pour la plupart plus penseurs qu'artistes, plus pénétrés de la religion du Christ que de celle de l'Art, ont divinisé l'homme par l'expression surhumaine. Devant le Beau idéal de Praxitèle, c'est l'admiration qui nous saisit; devant le Beau idéal du Pérugin, c'est le sentiment religieux. Praxitèle éblouit les yeux avec Vénus reine de Chypre et déesse de la terrestre volupté; le Pérugin touche le cœur avec Marie reine des cieux et mère du Christ, ou avec Madeleine quand elle a bu aux sources vives de l'amour céleste. Tous les deux cependant se sont élevés jusqu'à Dieu, parce que tous les deux ont trouvé le Beau idéal de la forme et du sentiment. Phidias, le Raphaël des Grecs antiques, Phidias, qui fut plus expressif dans sa sculpture que les peintres de son temps, est d'une majesté souveraine; on ne peut trop admirer la grandeur de ses attitudes, la beauté hardie de ses lignes, le caractère élevé de ses figures; mais, sous sa main toute-puissante, le marbre n'a jamais pleuré. C'est qu'alors la douleur de l'âme n'était qu'une faiblesse; le Christ en a fait une poésie. Si Phidias a été le Raphaël des dieux païens, Raphaël a été le Phidias du christianisme. En effet, Raphaël est presque païen; né dans le mysticisme, on peut dire qu'il a promené son regard à demi profane sur les souvenirs luxuriants de la poésie d'Homère; il a voulu que les Vierges sortissent tout idéalisées des formes de la Fornarina. Ses Vierges les plus pures et les plus suaves, on sent qu'il les a aimées; il y a dans ces figures, pourtant célestes, je ne sais quel accent d'amour profane.

Il peut sembler étrange, dans l'histoire de l'Art, que nous devions à la Grèce la peinture ancienne et la peinture moderne. Phidias, élevant le Jupiter Olympien, ne se doutait pas que ce beau type serait, après bien des siècles, le modèle puissant et grandiose du Dieu des chrétiens. Il est hors de doute que les Byzantins ont suivi la tradition des anciens maîtres de la Grèce; ils ont pu les étudier dans les statues, dans les bas-reliefs, dans les mosaïques; sans les conciles, qui vinrent combattre l'idéalisation des figures en forçant les artistes à représenter les saints personnages avec la plus naïve fidélité, nous aurions peut-être salué une seconde fois l'Art ancien dans l'épanouissement du génie moderne. Mais, malgré les docteurs de l'Église, les Byzantins n'ont pu effacer dans les images chrétiennes toute trace de l'ancien Idéal rêvé par Phidias.

La renaissance des arts a commencé par la sculpture. L'Italie, qui a eu trois époques de gloire, se montra, durant plusieurs siècles, la plus stérile des nations. Il ne faut pas accuser seulement les barbares de l'invasion, il faut accuser l'Italie elle-même, jusque dans son chef, saint Grégoire le Grand[1], qui fit briser et jeter dans le Tibre « comme idoles, ou du moins images des héros païens, » tout ce qui se retrouva des anciennes statues. Il s'est rencontré un pape pour ordonner cette mutilation; mais comment

---

[1] Selon Jean de Salisbury, Léon d'Orvietto, saint Antonin.

s'est-il trouvé à Rome des Romains pour exécuter ces ordres sacriléges?

Les artistes byzantins avaient fini, dans le même temps, par compromettre le caractère qu'ils tenaient de la Grèce antique, à force de représenter les types consacrés par l'Église. Ils copièrent et recopièrent sans cesse; sous leurs mains patientes, l'Art n'était plus qu'un métier : ils avaient été majestueux et grossiers; ils étaient moins grossiers, mais ils n'étaient plus majestueux; ils s'étaient rapprochés de la nature individuelle, mais ils n'avaient plus de style pour rendre la nature dans son effet général. Un homme vint, Nicolas Pisano, qui retrouva l'Art, tel que le comprenaient les Grecs de l'antiquité. Nicolas Pisano n'étudia pas avec des artistes byzantins devenus des ouvriers; il étudia, devant un sarcophage antique, quelque bas-relief représentant un tableau de l'Iliade[1]. Ainsi fut renouée par la sculpture la chaîne d'or du Beau.

---

[1] « Parmi les sarcophages antiques de Pise, il y en a un fort beau, qui a servi de tombe à Béatrix, mère de la célèbre comtesse Mathilde. On y voit une chasse d'Hippolyte, fils de Thésée. » — STENDHAL. — Ce bas-relief, dû sans doute à quelque grand maître, se retrouve sur plusieurs urnes antiques.

Mais comment la peinture retrouvera-t-elle son ancienne splendeur? Les Italiens arriveront-ils un jour à se montrer dignes des Grecs de l'antiquité? Le génie italien doit-il s'élever aussi haut que le génie grec sans le secours du passé? C'est tout un monde à créer. La lumière jaillira-t-elle de la palette de Cimabué? C'est un grand artiste, qui dédaigne les maîtres de son temps, qui veut aller en toute liberté. Il ne trouvera ni la beauté ni le sentiment, mais son œuvre marquera par quelque chose de fier et de terrible, son nom restera, parce que le premier il s'est tourné vers la lumière. Cependant c'est Giotto qui a indiqué que l'aurore se levait. La sculpture avait marché en avant : Giotto, peintre et sculpteur, fit marcher la peinture sur le même chemin. Le maître de Giotto, ce n'est pas Cimabué, mais Pisano, dont il étudiait les bas-reliefs. Ne peut-on pas dire qu'il suivit aussi l'école des maîtres de l'ancienne Grèce? Il avait étudié les marbres antiques de la cathédrale de Florence en même temps que les bas-reliefs du sculpteur toscan. Giotto le pâtre n'avait-il pas eu d'ailleurs la Nature pour maître souverain? N'avait-il pas vu passer, le long de la prairie, quand son troupeau ruminait, agenouillé dans l'herbe, la beauté rêvée par Dieu et réalisée par Phidias, sous la forme d'une brune Florentine dorée par le soleil? Ne l'avait-il pas suivie avec enthousiasme jusqu'à la fontaine solitaire, où elle avait renoué ses cheveux avec la grâce naïve?

C'est la même histoire pour l'école allemande; mais, en Allemagne, l'Art byzantin eut une carrière plus longue; les Grecs du moyen âge furent plus écoutés que les Grecs de l'antiquité. Heureusement que l'Allemagne étudia les Byzantins de la bonne époque, ceux-là dont les créations grandioses, majestueuses et grossières étaient inspirées par les anciennes statues. L'école allemande eut donc un berceau byzantin, mais elle osa étudier la nature, si vivante autour d'elle. Dans l'Art allemand, si on voit toujours passer un souvenir d'Italie, on y sent circuler la sève puissante des Flandres. Albert Durer, le grand maître de l'école, respirait à Anvers ou à Leyde, tout en regardant le ciel de Giotto.

L'ancienne critique a eu tort de vouloir fondre l'école allemande avec l'école flamande et hollandaise. C'est une école de transition, qui a son règne et ses limites. Elle tient à la Flandre; mais ne tient-elle pas aussi à l'Italie? Si elle touche au naturalisme de Rembrandt, ne s'élève-t-elle pas aussi çà et là à la beauté idéale de Raphaël? Entre ces deux écoles, elle-même a son caractère, parce qu'elle a sa vie. Tout en s'inspirant du Nord et du Midi, elle va à la recherche de l'Art en toute liberté.

L'école flamande à son début, comme l'école hollandaise dans toute sa carrière, semble ne devoir son caractère qu'à la sève du pays. Elle se montrera d'abord avec quelques réminiscences byzantines, mais plutôt dans les fonds d'or de ses cadres que dans les figures qu'elle anime. Dès le premier âge, elle abandonne la tradition. La peinture puise dans le sol de la patrie tout le lait qui va jaillir de ses fécondes mamelles. De Van Eyck à Rubens, de Rubens à Rembrandt, que de fois les peintres des Pays-Bas ont, sans y songer, représenté cette peinture puissante et libre sous la figure d'une de ces florissantes paysannes du pays d'Anvers ou du pays de Leyde, non pas belles de l'immortelle beauté que soutiennent les anges sous un trépied d'or, mais belles de la beauté humaine et périssable, belles par la grâce que donne la force, par l'éclat que donne la santé !

L'école des Pays-Bas fut d'abord panthéiste, plus tard protestante, enfin matérialiste. Depuis l'aube jusqu'au déclin, les Flamands, les Hollandais surtout, sont plus soucieux de l'œuvre de Dieu que de Dieu lui-même, plus inquiets de la vérité que du symbole. On sent bien, à la vue des œuvres de cette école, que la plus forte réaction contre l'idéalisme a dû prendre naissance sur cette terre d'où est sorti Spinosa, cette terre qui fut le berceau et le refuge de la réforme [1].

---

[1] Malgré l'influence italienne, l'école flamande conserva toujours un caractère à part, dont la raison doit être principalement recherchée dans la différence des races et de l'histoire antérieure des deux peuples : il y avait en elle quelque chose de trop spontané, un génie trop original, pour qu'elle pût cesser d'être elle-même. De là vint qu'en cédant ainsi au mouvement général qui emportait l'humanité hors des voies qu'elle avait suivies pendant le moyen âge, elle ne remonta point, comme l'Italie, vers l'antiquité, elle ne substitua point l'idéal grec à l'idéal chrétien. De celui-ci, sans intermédiaire, elle tomba graduellement dans la simple imitation de la nature, non pas même d'une nature choisie, mais de la nature vulgaire que le peintre avait sous les yeux. Quelques hommes éminents, Rubens surtout, ne laissèrent pas de porter l'Art à un degré d'élévation que l'on a peu dépassé; mais leurs compositions se distinguent beaucoup

Aristote avait dit : « L'Art est l'imitation de la nature, » ce qui n'était pas une idée de grand philosophe ; Platon, qui était plus qu'un philosophe, Platon, qui avait aussi ses jours de poésie, avait écrit dans un moment d'inspiration : « L'Art est l'interprétation de la nature. » Les écoles avaient choisi tantôt l'une, tantôt l'autre définition, selon leurs aspirations vers l'idéal ou vers la réalité. L'école flamande et hollandaise, que n'avait jamais dirigée une foi aveugle, que n'avait jamais guidée une haute philosophie, que n'avaient jamais entraînée les passions fécondantes qui palpitent sous de plus beaux soleils, donna raison à Aristote ; elle demeura attachée au sol avec amour, sans vouloir égarer son regard vers les lointains horizons de la Pensée et de la Poésie. Si elle contempla le ciel, ce fut moins en levant les yeux qu'en regardant les

---

moins par l'étude de la forme, par le goût dominant du Beau tel que l'avaient conçu les anciens, que par de puissants efforts de couleur, et, qu'on me permette ce mot, une abondance de vie organique qui diminue sans doute le sentiment chrétien, mais sans l'étouffer complétement. Il y reste au moins comme un souvenir traditionnel et révéré, tandis que l'on en voit promptement disparaître jusqu'aux dernières traces dans la partie des Pays-Bas qu'envahit le protestantisme.

— Lamennais. —

nuages au bord du lac ou sur les rivages de la mer. Pour cette école, l'Art fut donc l'imitation de la nature. En donnant raison à Aristote, elle se donna raison à elle-même, car que lui eût servi de vouloir rayonner dans les splendeurs de l'idéal? Serait-elle arrivée à la poésie comme Raphaël, au sentiment comme Albert Durer, à la philosophie et au style comme Poussin? Il y avait une victoire à remporter dans le domaine de l'Art, c'était de peindre la nature sans l'interpréter, avec toutes les richesses de la couleur, la nature familière et naïve dont un rayon de soleil est la poésie, dont la tristesse des jours d'automne est le sentiment, dont le clocher aigu « montrant du doigt le ciel, » la faux du moissonneur et le troupeau du pâtre sont toute la pensée. Cette victoire, l'école des Pays-Bas l'a remportée avec éclat [1].

[1] Châteaubriand ne donne pas raison à l'école flamande et hollandaise; il ne veut pas que l'Art soit une imitation de la nature. « Quand les hommes imitent la nature, leurs copies sont toujours petites. Il n'en est pas ainsi de la nature, quand elle a l'air d'imiter les travaux des hommes en leur offrant en effet des modèles. C'est alors qu'elle jette des ponts des sommets d'une montagne aux sommets d'une autre montagne, suspend des chemins dans les nues, répand des fleuves pour canaux, sculpte des monts pour colonnes, et pour bassins creuse des mers. » Ceci

Les premiers entre tous les peintres de l'ère moderne, les Flamands et les Hollandais ont eu l'œil simple dont parle le grand physionomiste. « OEil simple, qui vois les objets tels qu'ils sont, à qui rien n'échappe et qui n'y ajoutes rien, combien je t'aime ! Tu es la sagesse même[1]. » Tout en s'éloignant du ciel par la pensée, on peut dire qu'ils se sont rapprochés de Dieu par l'OEIL SIMPLE; ils ont reproduit la nature, l'œuvre du divin Maître, avec une fervente et pieuse fidélité.

III.

La Néerlande n'a trouvé que dans l'atelier du peintre ses poëtes et ses historiens. Je ne parle

---

est dit en prose, mais on sent trop que c'est un poëte qui parle. Cependant il y a dans ce passage une leçon à recueillir : il faut imiter la nature comme elle a l'air d'imiter les hommes.

Ce qui a fait la force et la gloire des Flamands et des Hollandais, c'est qu'ils ont imité la nature librement et non servilement. Les vrais artistes de ces deux pays ont bien plus cherché l'effet que l'illusion. Si les peintres patients comme Miéris et quelques-uns de ses élèves, par leur manière mesquine, ont réduit l'art à de trop petites proportions, les Brauwer, les Rembrandt, les Hoog, les Teniers, les Ostade, les Berghem, les Ruysdaël, ont imité la nature, mais ne l'ont pas copiée.

[1] LAVATER.

pas d'Érasme, qui est un homme de tous les pays. La poésie ne peut pas naître dans une contrée qui vogue sur l'eau sans connaître les joies de la nature, là où la vigne n'étend pas ses pampres lascifs, là où la Muse du printemps ne se montre que tout effarouchée, entre une giboulée et un ciel brumeux.

Dans les Pays-Bas, la peinture a donc été presque toute la littérature. A Bruxelles, à Anvers, à La Haye, à Amsterdam, il n'y a point de bibliothèque d'œuvres nationales ; il y a un musée, où mieux que dans les plus graves historiens, mieux que dans les plus grands poëtes, on peut étudier l'histoire de la Néerlande, sa poésie, ses mœurs, ses fêtes ses costumes, ses beaux jours et ses mauvais jours, ses habitudes et ses croyances, son ciel et ses eaux, ses bourgmestres et ses soldats, ses princes et son peuple, ses paysages, ses monuments, tout son caractère intime et pittoresque. Quand on a cette poésie-là, ne peut-on pas se passer de l'autre ? Rembrandt ne vaut-il pas Molière, et Ruysdaël La Fontaine ?

Dans les musées de la Hollande, l'histoire est écrite de point en point : la Hollande sur mer, la

Hollande sur terre, la synagogue, la taverne, l'intérieur du forgeron, l'intérieur du bourgmestre, les joies de la kermesse, les effrois de la tempête, les bœufs au bord du canal, les matelots sur le vaisseau, les grands seigneurs, les charlatans, les soldats empanachés, les mendiants qui secouent leurs guenilles, toute la Hollande est là, vivante, animée, épanouie.

Mais les vrais poëtes de la Hollande sont surtout les paysagistes; on les lit au coin du feu, avec un charme inépuisable, durant huit à dix mois de l'année, durant cet hiver sans fin qui voile la nature du Nord sous un manteau de frimas. On se console des mauvais jours avec un Berghem et un Ruysdaël; on a le printemps éternel sous les yeux; avec eux, le soleil luit toujours, la prairie est verdoyante, les bois sont mystérieux, le ciel a des horizons empourprés, la nature tout entière est éloquente[1]. A Amsterdam, au-

---

[1] Quelques peintres hollandais ont su prêter à la nature un langage indéfinissable, qui touche, émeut, provoque la rêverie, et l'attire doucement comme en des espaces infinis. Dites-moi par quelle mystérieuse magie ils nous retiennent des heures et des heures plongés dans une vague contemplation devant ce que la nature a de plus ordinaire et de plus simple en apparence?

trefois, quand un vieux marin se trouvait assez riche pour acheter une maison de campagne, il flottait indécis entre un paysage de maître et une villa rustique. S'il avait le bonheur de tomber sur un Ruysdaël, sur quelque chute d'eau bruyante à l'ombre des chênes, avec une prairie sur le premier plan, avec un lointain poétiquement nuagé, où l'on découvrait quelques bouquets de bois dorés d'un rayon d'automne, la joie du marin était sans bornes; il accrochait le paysage au-dessus de sa table, il s'y promenait quatre heures par jour, comme il s'était promené sur mer, c'est-à-dire sans faire un pas. On décrirait mal tout son

---

Une prairie avec un ruisseau et quelques vieux saules, une vallée que traverse un torrent grossi par l'orage, dont les derniers restes, où se jouent les feux du couchant, fuient et se dissipent à l'horizon; sur une grève déserte, une cabane au pied d'un rocher nu, la mer au-delà, une mer agitée, et dans le lointain une voile qui s'incline entre deux lames sous l'effort du vent : ne voit-on pas qu'ici c'est la pensée de l'artiste, sa vie intime qui se communique à vous, s'empare de vous? C'est l'Art qui vous emporte, sur ses ailes puissantes, en des régions plus hautes que tout ce que peuvent atteindre les sens. Ne discernez-vous pas sous la forme extérieure, dans les animaux de Paul Potter, une vie intime propre à chacun d'eux, une manifestation de leur nature essentielle, typique? L'allure, la pose, le regard, tout parle en eux.

— LAMENNAIS. —

bonheur intime : ce paysage était à lui dans toute son étendue ; à lui le rayon de soleil si doux en Hollande, à lui ces beaux arbres vivants et agités, ces eaux impatientes, ces vaches sur la prairie ; à lui toutes ces richesses que l'art a encadrées avec tant de bonheur.

Le paysage nous vient des Flandres, du moins le paysage qui reproduit la nature mot à mot [1].

[1] D'après ce qui nous reste des anciens, il est hors de doute que c'est à la peinture moderne qu'est dû le paysage. La traduction, l'imitation, l'interprétation de la nature nous appartient, non pas comme un héritage, mais comme une science découverte par nous-mêmes. Homère et Théocrite n'ont pas eu la joie de saluer un Poussin, un Paul Potter, un Claude Lorrain, un Ruysdaël. Les Grecs peignaient quelquefois des paysages, mais des paysages de fantaisie, qu'on pourrait appeler des fictions de la nature. Dans les rares paysages qui se rencontrent dans les peintures de Pompéï et d'Herculanum, on ne trouve ni plan, ni proportion, ni perspective. Au lieu d'imiter la nature, les artistes grecs imitaient les artistes égyptiens, ou même les artistes indiens. On pourrait même comparer leurs œuvres à des peintures chinoises pour la crudité des lignes, les singularités impossibles de l'architecture, les formes bizarres des arbres et des animaux. Les Italiens de la renaissance n'étaient pas plus paysagistes que les Grecs de l'antiquité. Avant le XVe siècle, on commence à voir quelques arbres et quelques montagnes s'élever sous leurs ciels ; mais ces paysages sont d'une manière sèche, maigre, petite. Raphaël lui-même, dans ses premiers tableaux, n'a peint des paysages qu'avec de petites formes et de maigres détails, au temps où déjà les Flandres avaient produit et produisaient des chefs-d'œuvre.

En Italie, c'est l'inspiration qui a fait les chefs-d'œuvre; en Allemagne et en France, c'est aussi l'inspiration, mais surtout la pensée; en Flandre et en Hollande, c'est la nature.

On s'étonne d'abord à l'idée que ces beaux paysages nous soient venus d'une contrée où le soleil se montre à peine, où le blé n'a jamais balancé que des tiges étiolées; triste pays sans moissons et sans vendanges; éternelle prairie baignée dans l'eau, non pas encadrée de ces haies en fleurs où chante le gai bouvreuil, mais traversée partout, là par le ruisseau, ici par le canal, plus loin par la mer elle-même. Cependant on arrive peu à peu à comprendre pourquoi le paysage nous est venu si beau, si franc, si poétique, de cette contrée où la nature n'a le plus souvent que des mamelles stériles. En Hollande, un jour de beau temps est un jour de joie. Quand par hasard, au-dessus de Harlem ou de La Haye, le soleil, déchirant la nue, répand sa douce lumière sur les toits, sur les eaux et sur les prairies, il semble que des nuages se dissipent en même temps sur le cœur du Hollandais; il respire, il ouvre sa fenêtre si longtemps fermée, il salue le soleil, il court en pleine campagne, s'enivrant des rayons, des brises, des parfums de la nature en fête. Au lieu d'un vieux marin, d'un marchand de la cité, d'un juif qui compte son or, supposez que le rayon qui vient de réveiller la ville assoupie frappe tout à coup un jeune cœur ardent à la vie, poëte comme on l'est à vingt ans, épris des splendeurs de la nature : le premier il s'élance dans la campagne comme un voyageur altéré qui trouve l'oasis; la campagne lui apparaît alors sous des couleurs vives et charmantes. La veille encore, elle était glacée, elle manquait d'accent et de lumière; des tons blafards l'enveloppaient uniformément : ce n'était point la mort; peut-être était-ce plus triste, car ce n'était point la vie. Aujourd'hui la Nature est une jeune femme qui descend toute fraîche et toute vermeille d'une couche brûlante; son sein se gonfle, sa bouche s'entr'ouvre, la vie et l'amour éclatent en elle. Le jeune homme, enthousiasmé de cette métamorphose, ne se contente point d'admirer la Nature; il l'aime, il lui parle, il l'écoute; la Nature a mille voix pour lui répondre; il ne la quitte qu'à la nuit, après avoir vu les dernières splendeurs du couchant. Le lendemain il s'éveille et court à sa fenêtre, mais tout a fui comme un rêve; le soleil, le ciel pur, l'horizon radieux. Le souvenir d'un beau jour, l'espérance d'un jour pareil, en faut-il davantage pour faire un poëte comme Théocrite ou un paysagiste comme Ruysdaël?

Mais en Hollande il n'y a ni pâtres ni bergers, la poésie ne court pas les champs effeuillant les bluets ou les primevères, l'amour ne rit qu'au coin du feu. Au milieu du silence éternel de ce paysage qui ne s'anime que par hasard, que dira le poëte? Répétera-t-il les beuglements du taureau et les mugissements de la génisse? Quelque riche que soit sa langue, il manquera toujours de couleur pour rendre tout le caractère du tableau qu'il a sous les yeux. Ce n'est donc point un poëte, mais un peintre, qui va se révéler. En Hollande, où il n'y a ni monuments, ni ruines, ni enthousiasme religieux, la poésie ne trouverait pas ce qu'elle cherche. En Hollande, il faut se contenter de peindre la Nature telle qu'elle est, telle que Dieu l'anime, telle qu'elle apparaît aux yeux du peintre. Seulement, quand le peintre s'appelle Ruysdaël, il y met son âme. Est-il une églogue de Virgile qui soit plus poétique qu'un paysage de Ruysdaël ? La poésie est partout, parce que le grand artiste la porte avec lui.

Les Flandres n'ont pas eu seulement des paysagistes pour leur littérature nationale. Quel historien et quel théologien que Jean Van Eyck ! Avons-nous de plus aimables romanciers que Terburg, Ostade, Metzu, Teniers ? Quel philosophe profond, quel mystérieux penseur que Rembrandt ! Quel rêveur que Breughel de Velours, avec ses paradis bleuâtres ! quel fantaisiste que Breughel d'Enfer, avec ses créations si sombres dans leur folie ! Quel poëte épique Anvers avait dans Rubens ! quel historien dans Van Dyck ! quel poëte comique dans Brauwer ! Mais chaque ville des Flandres était une capitale pour le génie.

IV.

L'art flamand et hollandais forme trois âges bien distincts : l'âge religieux, qui ouvre l'histoire sous les Van Eyck et finit un siècle après à Franc Floris ; c'est l'époque des vitraux, des fresques, des prie-Dieu sculptés, des heures imagées, des manuscrits à découpures. L'âge héroïque va poindre à Anvers au moment où l'âge religieux est à son déclin : la noblesse prend dans la peinture la place du clergé ; le palais l'emporte sur l'église ; tous les peintres de cette seconde période sont nobles, anoblis, ou vivent royalement en grands seigneurs, avec des laquais et des équipages ; ainsi Franc Floris, Rubens, Van Dyck, Breughel, Teniers. Après l'âge héroïque, la peinture remonte vers le nord, où elle enfante Rembrandt, Paul Potter, Ruysdaël : la noblesse et la religion ne sont plus rien dans leurs œuvres ; c'est la Nature, cette fois, qui règne dans toute sa force, dans tout son éclat De l'église au palais, il n'y avait qu'un pas ; maintenant, du palais à la maison, il n'y a qu'un seuil à franchir. La Vérité sort du puits sans voiler son sein tout humide encore ; le génie du foyer et des mœurs patriarcales l'attend à la porte ; ils pénètrent ensemble dans l'atelier du peintre.

L'Art et la Poésie viennent d'un pays étranger surprendre une nation encore dans les ténèbres. Avant que le jour n'apparaisse, on voit briller à l'horizon un point lumineux qui annonce déjà le soleil. Cette aurore, les Flamands l'ont vue poindre vers l'Allemagne; mais ce fut bien sur eux, ce fut bien sur leurs grasses prairies couvertes de grands bœufs, sur leurs canaux agités sous les barques, sur leurs villes de briques, que le soleil se leva radieux.

L'Art flamand, après avoir puisé aux sources sublimes des vieux maîtres Wilhelm et Stéphan, est parti pieusement de Cologne pour aller s'établir à Bruges et à Gand; il emportait le souvenir de cet ineffable sentiment, de ces tons tour à tour dorés et bleuâtres, de ces aspirations à la beauté qui séduit l'âme plutôt que le regard, le souvenir enfin de tout ce qui a été le caractère, de tout ce qui a fait la gloire de l'école de Cologne. Mais, si l'Art flamand est né à Cologne, on peut dire que dès son berceau, qui fut à Gand et à Bruges, il renia presque sa patrie. La sève et le parfum d'une nature plus pittoresque et plus féconde que grandiose lui donnèrent des forces qui le tinrent plutôt dans l'éclat de la vérité humaine que dans les rayonnantes splendeurs de l'extase religieuse.

A Gand et bientôt à Bruges, c'est Dieu et toujours Dieu que l'Art veut glorifier ; mais déjà, à l'école des Van Eyck, l'Art est amoureux de l'œuvre de Dieu. Ce n'est plus seulement pour les chrétiens agenouillés dans l'ombre des sanctuaires qu'il va représenter les pages sublimes de l'Évangile, c'est aussi pour la joie des yeux, les yeux qui sont panthéistes, même quand l'âme est chrétienne. Il demande à la couleur tout ce qu'elle peut donner de vie et d'éclat. Comme aux temps antiques, le sculpteur s'est épris de sa statue ; il ne se contente pas de la faire vivre de la vie idéale, il veut lui donner la vie qui agite son cœur. L'Art est descendu un peu des hauteurs de l'Idéal, mais il s'est presque relevé par la Vérité. Tout en demeurant religieux, le regard levé au ciel, il sent qu'il est bien de ce monde. Dans ses fonds d'or, Wilhelm avait détaché les célestes figures de tout souvenir terrestre ; Jean Van Eyck place Dieu sur la terre. Dans les tableaux que peignait Wilhelm avec l'accent byzantin dans le cadre en ogive, le Dieu des chrétiens ne descendait pas de son trône d'azur ; dans les tableaux de Van Eyck, Dieu conserve toute sa sereine majesté, mais déjà près de lui on voit poindre la nature : là-bas le coteau verdoie, les arbres s'élèvent, timides encore, mais tout à l'heure ils cacheront le ciel. Dans Dieu lui-même on voit percer l'homme. Les vieux maîtres flamands se sont trop rappelé ces paroles bibliques : « Dieu créa l'homme à son image. » Or, chez eux, l'homme cachera bientôt Dieu comme les arbres du paysage cachent déjà le ciel. La vie matérielle éclatera sur la vie immatérielle, les fraîches couleurs de la santé vont éteindre les rayonnements de l'âme. C'est l'éternelle histoire dont Pan ferme d'une main la première page, qui est Dieu, quand de l'autre il ouvre la dernière, qui est la nature.

Les Van Eyck ramènent donc l'Art à un accent plus humain que céleste. L'Idéal, qu'ils ont vu de trop loin, ils le tempèrent par le réel ; ils ne suivent pas l'exemple des anciens, qui prenaient la grandeur, la beauté, la grâce dans le monde universel. Ils représentent un sentiment par une seule figure. En vain Hemling qui souffrit, Hemling dont l'âme put s'élever plus haut par la douleur, ranima le style allemand : il ne fit pas école. Il dépassa les maîtres de Cologne par l'austérité de la touche et l'élévation du sentiment ; mais, malgré l'exemple donné par cet homme de génie, la peinture flamande ne voulut pas subir le joug adorable de la grâce immatérielle. Le Dieu de Hemling nous saisit et nous transporte. C'est le Dieu de ceux qui ont aimé, de ceux qui ont souffert. Mais, Hemling mort, c'est l'école des Van Eyck qui triomphe encore. Plus tard, sous Rubens, Van Dyck, Rembrandt, c'est l'homme qui domine, mais l'homme ennobli par l'Art, c'est l'intelligence humaine, c'est l'œuvre de Dieu après Dieu. Plus tard encore, comme l'Art, entraîné par le Naturalisme, tend toujours à descendre, il ne représente plus que l'homme des mœurs privées, celui qui va boire au cabaret ou qui fume au coin de son feu. Voilà Hals, Brauwer, Metzu, Ostade, Teniers, Terburg, Steen, qui peignent la créature humaine dans toute sa vérité naïve, se contentant d'imiter et ne songeant pas à interpréter. Maintenant c'est la Nature qui va régner en souveraine maîtresse. La voyez-vous qui palpite sous les mains de Paul Potter et de Ruysdaël? L'homme lui-même va disparaître. Dès les premiers jours de l'école flamande, la nature s'était montrée timide et recueillie, mais attrayante déjà. Après avoir fleuri sous les mains patientes et amoureuses de Jean Van

Eyck, Schooreel, Breughel, Everdingen, Paul Potter, Berghem, Ruysdaël, Hobéma; comme elle s'est épuisée à toutes ces richesses, elle n'a plus rien à donner, ou plutôt nul d'entre ses enfants ne trouve la force de se suspendre à ses mamelles toujours fécondes. Qui oserait traduire encore ces poëmes et ces églogues, après tant de chefs-d'œuvre immortels? Cependant, comme les paysagistes ont voulu peindre la Nature dans ses effets, dans ses contrastes, dans ses aspects variés, ils ont négligé quelque détail qui pourrait tenter le génie à ses derniers jours. Van Huysum va venir, qui mettra la Nature dans un vase de fleurs. Ces fleurs sont des merveilles; il ne leur manque que le parfum, comme aux portraits de Van Dyck et de Rembrandt la parole. Tout ce que Dieu a prodigué d'éclat et de délicatesse, de couleur et de charme dans un bouquet, Van Huysum le rend sans l'affaiblir. C'est encore la Nature, mais à sa dernière expression. Ici gît l'art flamand et hollandais, qui a commencé, avec Van Eyck, par peindre Dieu dans sa gloire plus terrestre que céleste, qui a ensuite, avec Rembrandt et Ruysdaël, reproduit avec éclat l'œuvre de Dieu, qui a fini, avec

Van Huysum, par représenter Dieu dans une tulipe.

Pourtant l'Art comme la Nature ne meurt pas tout à fait. Les hivers passent sur lui, mais il soulève le linceul de neige par les fleurs éclatantes du renouveau. L'Art flamand et hollandais renaîtra. Déjà, à La Haye et à Bruxelles, ne voyons-nous pas poindre l'aube d'une vie nouvelle? Le ciel est gris, la nature est sans sève, mais pourquoi ne saluerions-nous pas encore une fois le soleil de Rubens, le rayon de Rembrandt, le rivage de Van den Velde et la forêt de Ruysdaël?

Jusqu'ici on n'a presque pas écrit sur l'art flamand et hollandais; Winkelmann, Reynols, Diderot, en ont parlé pour ainsi dire entre parenthèses. Les écrivains flamands et hollandais[1] se sont contentés d'expliquer les moyens techniques, mais jamais

---

[1] Lucas de Heere, Heinecker, Carle Van Mander, Sandraert, Slingelandt, Cornille de Bie, Arnold Houbraeken, Campo Weyermans, Johan Van Gool, Mathieu de Wisch, enfin Descamps, qui était plutôt Flamand que Français.

Dans un livre récemment publié à Bruxelles *Les Belges illustres*, on trouve quelques excellentes études sur les principaux peintres flamands, signés : Van Hasselt, Robin, Joly, Fétis

l'idée; ils ont raconté les détails de la vie du peintre, mais ils n'ont pas dit un mot du caractère poétique de l'homme. Descartes, Bayle, J.-B. Rousseau, Voltaire, l'abbé Prévost, aucun des réfugiés en Hollande et en Belgique, n'a écrit une ligne sur

Stappaerts, Lagarde, Stassart, Gens, Bogaerts Alvin, Hen, Delepierre.

Le livre le plus complet sur ce grand sujet est celui des Immerzeel (édition de 1843, *Amsterdam*, Van Kesteren). Mais ce livre est plutôt un inventaire des richesses flamandes et hollandaises qu'un vrai livre d'Art. On y trouve des dates plutôt que des idées.

Descamps passe encore aujourd'hui pour le véritable historien des peintres flamands et hollandais. Descamps n'est qu'un compilateur fidèle et maladroit, un écrivain prolixe et confus, qui juge au hasard, trop souvent sans goût. Son livre est à peine curieux comme document. Peut-on admettre un historien de l'art dans les Pays-Bas qui ne dit pas un mot de Wynants, Asselyn, Hobéma? La Belgique et la Hollande ont beaucoup étudié depuis quelques années l'histoire de l'art national dans les journaux et les académies. M. Van Hasselt, M. de Reiffemberg, M. Schayes ont publié des livres dignes d'examen. M. Michiels a commencé une histoire de la peinture flamande et hollandaise qui sera volumineuse. Mais c'est surtout au-delà du Rhin qu'il faut chercher la science de l'histoire de l'Art. Winkelmann et Raphaël Mengs ont commencé l'œuvre. Parmi les érudits modernes qui ont étudié l'histoire de la peinture dans les Flandres, il faut citer avec éloges une femme d'abord : Johanna Schopenhauer, ensuite Passavant, Hotho, Fischer, Rumohr, Rathgeber, Schnaase, Kugler, Waagen et quelques autres. L'Angleterre a eu aussi depuis Joshué Reynolds d'excellents critiques d'art.

les peintres flamands et hollandais. Il y a bien peu de temps que l'Art a pénétré dans la littérature. Winkelmann ne dirait plus à notre époque : « La plupart des écrivains ne sont pas plus en état de parler des œuvres d'art que les pèlerins ne le sont de donner une description exacte de Rome. » Pour moi, je dois avouer que j'ai vu plus de tableaux que je n'ai ouvert de livres; cependant j'ai consulté les auteurs qui ont étudié cette grande page de l'histoire de l'Art [1].

Paris. — Juillet 1845.

---

[1] L'Art est un monde immatériel suspendu par les rêveurs entre le ciel et la terre. On peut donc écrire l'histoire des conquêtes et des décadences de l'Art dans un pays sans suivre pas à pas l'histoire nationale, celle que crée les guerres, les religions et les mœurs. Cependant nous indiquerons çà et là au passage les événements humains qui ont un rapport intime avec les mouvements de l'Art. Commençons par donner cette page de Schiller et de Tacite sur les révolutions des Pays-Bas. Elle indiquera que là où fut le berceau de la liberté des temps nouveaux, l'Art ne devait pas naître esclave.

« L'histoire du monde est toujours la même comme les lois de la nature, et simple comme l'âme de l'homme. Les mêmes causes ramènent les mêmes effets. Sur le même sol où les républicains luttent contre la tyrannie espagnole, leurs ancêtres, les Bataves et les Belges, se débattaient quinze cents ans auparavant contre la tyrannie romaine. Soumis, comme leurs descendants, à une domination ambitieuse, opprimés aussi par d'avides satrapes, ils brisèrent leurs chaînes avec le même courage. Même esprit de conquête et d'oppression dans les Espagnols du xvie siècle et les Romains du premier. Là, comme ici, la haine privée arme la nation ; un homme né pour la circonstance lui révèle le dangereux secret de ses forces. « N'est-il pas vrai, « Bataves, s'écrie Claudius Civilis en s'adressant à ses conci- « toyens, n'est-il pas vrai que les Romains ne nous traitent plus « en alliés et en amis, mais plutôt comme de vils esclaves ? Ils « nous livrent à leurs agents qui se rassasient de nos biens et « de notre sang. Les enfants sont enlevés à leurs parents, les « frères à leurs frères ; une jeunesse superbe devient la proie de « la lubricité romaine. Le moment est venu, Bataves, de secouer « le joug. Ne vous laissez pas effrayer par ce vain nom de légions, « leurs camps ne contiennent que des vieillards et du butin ? « Qu'ils se contentent de la Syrie, de l'Asie et de l'Orient qui a « soif d'un roi ! Il y en a encore parmi nous qui sont nés avant « qu'on ne payât d'impôts aux Romains ! Les dieux se rangent « du côté des plus braves. » — Tacite. — Des serments solennels consacrèrent l'entreprise, comme plus tard l'association des gueux ; de même que celle-ci, la première prit le masque de la soumission, et se couvrit de l'autorité d'un grand nom. Les cohortes de Civilis jurèrent fidélité à Vespasien, comme les gueux à Philippe. Le même plan de défense fut adopté, le désespoir eut recours aux mêmes expédients. On chercha son salut dans le même élément ; Civilis, en un moment critique, sauve son île au moyen d'une inondation, comme quinze cents ans après lui Guillaume d'Orange délivre la ville de Leyde. »

HISTOIRE DE LA PEINTURE FLAMANDE ET HOLLANDAISE.

I.

NAISSANCE DE L'ART EN FLANDRE.

I.

LES VAN EYCK.

On commence à recueillir pieusement les débris du passé ; grâce aux archéologues, on pénètre d'un pied plus ferme dans les ténèbres de l'histoire de l'Art. Mais on a peu de documents sur l'origine de la peinture dans les Pays-Bas ; sans doute elle y suivit le christianisme, comme en France et en Allemagne. D'après les chroniques, dès qu'il s'éleva des églises et des monastères, il se trouva des peintres.

Selon le savant Fiorillo, en 745, les religieuses d'un couvent de Flandre « consacraient leurs loisirs à l'étude de la peinture; les carmes d'un couvent de Harlem fondé en 1249 firent représenter sur les murs de leur église les portraits des comtes de Hollande. Erehrard, gouverneur de Liége en 959, orna une de ses églises par des tableaux représentant les miracles de saint Martin. » Un autre historien [1] rapporte qu'en 1396 cette ville comptait cinq ateliers de peintres.

Au xive siècle, la peinture était en plein épanouissement, mais la peinture grossière, inculte, majestueuse des Byzantins. Il y avait dans les premières œuvres l'aspect grandiose, sombre et terrible des apparitions fantastiques; Dieu se montrait à travers les nuages; c'était l'Art de l'esprit et non l'Art des yeux. Mais la peinture nationale n'existait pas encore en Flandres; des artistes étrangers y étaient venus, comme Jean de Liége [1], qui avait formé quelques élèves, mais

---

[1] — GRAMAYE. — *Antiquités d'Anvers.*
[1] L'empereur Other III amena d'Italie un peintre nommé Jean

des ouvriers et non des disciples. Avant le xive siècle, on trouve quelques fragments précieux, œuvre des imagiers et des mosaïstes, des peintres de vitraux et de châsses. On trouve même quelques tableaux curieux pour l'érudition, mais où l'Art ne se révèle point encore. Cependant les comtes de Flandre et les ducs de Bourgogne avaient leurs peintres ordinaires, des portraicteurs à gages chargés de peindre leurs seigneuries partant pour la guerre ou agenouillées devant Dieu ; parmi les noms conservés on cite Jean de Hasselt et Melckior Brœderlaine.

On peut étudier les œuvres primitives antérieures aux Van Eyck dans un curieux spécimen, un Calvaire qui existe encore à Bruges en l'église Saint-Sauveur. C'est l'ombre de l'Art, un souvenir éteint de l'école byzantine et allemande ; point de vie, point de couleur ; mais on ne saurait y nier un sentiment ou plutôt un pressentiment de beauté idéale dans la figure de la Vierge [1].

(né entre 960 et 970), auquel il fit peindre son oratoire, qu'il nomma ensuite évêque, et qui, n'ayant pu se faire accepter par son diocèse, reprit ses tableaux et finit par élever l'église Saint-André, à Liége.—HIPPOLYTE FORTOUL.—*Des Peintures byzantines.*

[1] On a découvert dans l'hôpital de la Biloque, à Gand, une

On trouve à la bibliothèque de Gand le *Liber floridus Lamberti canonici* qui renferme des miniatures remarquables. Ce manuscrit est une œuvre de la fin du xiie siècle; on y découvre à la fois le caractère byzantin, gothique et chinois; ainsi on y voit un paradis sous la forme d'un château-fort entouré de kioskes, dominé par un arbre couvert de fruits. On ne peut douter que les Brughel n'aient connu les miniatures de ce manuscrit : l'imagination du vieux peintre a déjà toute la bizarrerie en germe qui s'épanouit plus tard avec tant d'éclat sous les Breughel. Nous y voyons entre autres curiosités l'Ante-Christ en pantalon rouge et en tunique bleue, trônant sur la queue

peinture qui date du xiiie siècle. C'est la *Glorification de la Vierge par le Christ*. Ils sont assis, le fils et la mère, drapés de larges manteaux, bien moins couronnés du nimbe hiératique et consacré que de coiffures du xiiie siècle. Le Christ porte l'étendard symbolique et lève la main pour bénir sa mère. Marie contemple avec onction la grandeur de son fils. Des anges encadrent cette scène solennelle.

Les peintures découvertes à Nieuwport étaient aussi l'œuvre du xiiie siècle. En étudiant les dessins qui ont sauvé de l'oubli ces derniers vestiges de l'enfance de l'Art, on reconnaît de prime abord le style des vitraux. Le peintre avait représenté *Salomon, et la Reine de Saba*, le *Triomphe de Judith*, *Jésus et les Docteurs*, les *Hébreux dans la fournaise*, enfin quelques pages non moins curieuses détachées du livre d'or de la foi.

en trompette de Léviathan tout en flammes.

Si on pouvait promener quelques rayons lumineux sur l'enfance de l'Art dans les Pays-Bas, on découvrirait de rares vestiges de châsses; on feuilleterait les manuscrits à miniatures, où les enlumineurs ont représenté l'*Annonciation*, la *Nativité*, l'*Adoration des Mages*, le *Crucifiement*, les *Saintes femmes au tombeau*, la *Résurrection*, les *Évangélistes*, enfin les personnages vivants et illustres par leur naissance ou leur piété; on retrouverait çà et là une église et un monastère où se déroulent à l'extérieur quelques fantaisies sculpturales de l'aspect le plus grossier, empruntant tour à tour le caractère roman, gothique et byzantin; où quelque artiste inspiré des visions de la Bible et de la Passion, a peint à l'intérieur [1]. Peu à peu les peintures incultes se détachent du mur pour s'essayer sur les panneaux; les tapisseries imitent les panneaux, l'Art commence à s'élever et à sentir ses forces. Mais du VIIIe au XIVe siècle, les érudits et les plus patients n'aboutiraient qu'à

---

[1] Sous Charlemagne, les murs intérieurs étaient couverts de peintures sur toute leur surface. — EMERIC DAVID.

des recherches stériles. Quand on fait l'histoire d'un homme de marque on le prend au berceau; mais le narrateur sévère s'inquiète-t-il des vagissements de celui que Dieu a couronné d'un rayon immortel. On comprend que la science aille interroger la terre sacrée qui nous a dérobé les œuvres de la statuaire antique. L'Art était là, là encore on peut trouver une leçon féconde; mais dans le Nord il n'y a que l'Art visible à saluer. Si on voulait à tout prix étudier les origines avant l'origine, les tentatives grossières avant les chefs-d'œuvre des Van Eyck, il faudrait, armé de l'histoire de la peinture au moyen âge, voyager dans les Pays-Bas; consulter les manuscrits, les chartes, les missels, les musées où l'on commence à recueillir des inscriptions, des châsses, des débris de sculpture, des lambeaux de tapisseries, des panneaux sans date. Les musées d'Anvers et de Cologne s'enrichissent tous les jours de vestiges précieux[1]. Ils sont à n'en pas douter la plus sûre biblio-

---

[1] Parmi les manuscrits à consulter, on peut indiquer les *Acta Sanctorum ordinis Sancti Benedicti*, le missel de l'abbaye de Stavelot, *l'Historia Genealogica*, écrite en 869 (Bibliothèque de Saint-Omer), la Vie de Saint-Wandrille, l'Évangéliaire de l'ab-

thèque des érudits et des antiquaires; sculement on désirerait y trouver de part et d'autre un catalogue annoté indiquant l'historique des vieux panneaux.

Pour trouver une œuvre d'Art digne d'admiration, il faut aller jusqu'aux Van Eyck. L'Art flamand ne naquit vraiment qu'avec les Van Eyck. Quand Van Mander a dit qu'il ne reconnaissait pas de peintres dans cette province avant Hubert et Jean Van Eyck, il a voulu dire que le génie flamand ne s'était épanoui qu'avec ces maîtres puissants en qui Dieu semble avoir répandu le souffle, le rayon, la sève de la création. Gœthe, qui écrivait sur l'Art avec un vif sentiment de l'Art, veut que l'école de Bruges soit partie de l'école de Cologne [1]. Nous croyons, comme Gœthe, que là en effet fut le point de départ; mais les Van Eyck étaient nés avec le génie révélateur qui se

---

baye d'Egmont, le livre de Fiorillo *Geschielste der Zeichnenden Kunste in Deutschland und der Miderlanden,* les journaux et les mémoires des académies en Flandres et en Hollande depuis le commencement du siècle, les *Heures de la Vierge* et les *merveilles de la nature* (Bibliothèque de La Haye), les manuscrits de l'ancienne bibliothèque des ducs de Bourgogne.

[1] *L'Art et l'antiquité sur les bords du Rhin et du Mein.*

passe de maîtres. L'opinion de Gœthe a été combattue. On a imprimé que la Flandre reçut, non de Cologne, mais de l'Orient, la véritable initiation; que les peintres primitifs avaient étudié à Constantinople et avaient dérobé à ce beau ciel leurs tons robustes, éclatants, splendides. Pourquoi ne pas admettre que les Flamands, amoureux du soleil qu'ils entrevoyaient à peine, n'aient dès l'origine cherché à fixer ses rayons furtifs sur leurs panneaux? L'Art flamand est né en pleine nature, avec la destinée de reproduire les créations visibles. Lui fallait-il donc les traditions orientales pour lui révéler l'éclat de la vie? Il n'avait qu'à suivre la Vérité pas à pas. Rubens et Rembrandt, les rois suprêmes du coloris, avaient-ils sur leur palette d'or des tons plus francs, des nuances plus vives, des effets plus harmonieux que les belles filles du pays d'Anvers ou du pays de Leyde?

Sous le règne des frères Van Eyck, tout le génie flamand éclata à la fois; on vit dans le même temps des peintres, des statuaires, des graveurs sur cuivre et des graveurs sur bois [1].

---

[1] Seltsame mannem Neerlandis beoremen,
  Uwe wercken laeten dat blycken :

Le berceau de l'Art flamand est la petite ville de Maes-Eyck, sur les bords de la Meuse, province du Limbourg, pays de Liége [1]. Peut-être plutôt est-ce à un quart de lieue de là, au village de Eyck, qu'il faut marquer ce berceau. Dans la ville ou dans le village naquit, au xıv^e siècle, vers 1345, un peintre estimé dont le talent s'est dispersé dans les vieilles églises de l'architecture gothique, dans

> Broeders Van Eycke weerdig te neomen,
>   Engelbrecht en Cornelis bloemen :
> Wel door u boven alle de rycken.
>   Hunne fame moet men niet dedycken;
> Niemand en zal hun licht achterhaelen.
>   Noch jan Van Eyck den principaelen.
> — LUCAS DE HEERE. — *Poëme des Peintres néerlandais.*

[1] Un historien moderne, Michelet, a disputé pour la France le berceau des Van Eyck : « Son vrai nom est Jean le Wallon, Johannes *Gallicus*. C'est donc à tort qu'on l'appela Van Eyck ou Jean de Bruges. Dans son œuvre capitale de l'*Agneau*, il a placé au loin les tours de sa ville natale, pour constater qu'il était un enfant de la Meuse, et pour protester, peut-être indirectement, contre la Flandre qui volait sa gloire. Né à Maes-Eyck, sur la limite même des langues, Allemand par la patience, ce violent et hardi novateur est encore bien plus Wallon. » On peut répondre à notre historien par ces lignes de Waagen : « Si Facius l'appelle de cette manière, c'est qu'il adopte la géographie de César, d'après laquelle les Flandres et le Brabant appartiennent à la Gaule Belgique. Il nomme aussi Rogier de Bruges *Rogierus Gallicus*, et rapporte qu'il a peint une image à Bruxelles, ville des Gaules. »

les missels, dans les livres de couvents et des châteaux. Son nom même n'a pu être recueilli dans l'histoire de l'Art; mais du moins cet homme vivra; parce qu'il a été le père des Van Eyck: Hubert, Jean et Marguerite. On pense qu'il avait étudié à Cologne, sous Stéphan ou Wilhelm: la tradition affirme qu'il peignait dans le sentiment austère de ces deux maîtres. On peut affirmer avec plus de raison que son fils Hubert, qui fut le seul maître de Jean, était de l'école de Cologne; il est aisé de s'en convaincre par les majestueux fragments signés de leur nom et venus jusqu'à nous.

Dans le célèbre tableau, le *Triomphe de l'Agneau pascal*, commencé par Hubert et terminé par Jean, les deux frères se sont peints parmi les cavaliers, « guerriers du Christ qui représentent avec leurs bannières les confréries qui, avant l'existence des armées permanentes, formaient la milice nationale et urbaine. » Hubert a je ne sais quoi de paternel qui indique bien qu'il fut le maître de Jean; c'est une figure pensive et déjà vieillie. Le peintre est coiffé d'un bonnet orné de fourrure, d'une forme singulière et retroussé par-devant. Jean est représenté jeune encore; sa figure, plus noble et plus originale, a une vive expression; il est coiffé d'un bonnet en forme de turban; il est vêtu d'une robe noire; il a un chapelet rouge à la main, et au bras une médaille pendante.

Hubert et Jean Van Eyck, attirés par Josse de Vydt, seigneur de Pamelle, échevin de Gand, allèrent, vers le commencement du xve siècle, ouvrir un atelier dans cette ville. Ce fut pour le seigneur de Pamelle qu'Hubert entreprit le *Triomphe de l'Agneau pascal*. Il fut très recherché par les grands du pays pour son talent à peindre le portrait. Il suivait la nature pas à pas, quelquefois servilement, se complaisant avec trop de sollicitude dans l'esprit du détail; mais c'était un peu pour cela qu'il était admiré. Son frère Jean et sa sœur Marguerite vivaient avec lui comme en famille, dans une touchante communauté de fortune, de talent et de gloire.

Il n'est rien resté de Marguerite, du moins rien qu'on lui puisse attribuer avec certitude. Cependant, au musée d'Anvers et au musée de Madrid, on trouve deux éditions du même tableau, attribué à Marguerite Van Eyck. C'est un *Repos en Égypte*; la sainte famille voyageuse s'arrête au milieu d'un paysage de Flandre plein de vie et de saveur. Au second plan, des paysans conduisent la charrue ; saint Joseph, courbé sur son bâton, apporte un pot de lait à la divine nourrice. En effet, pourquoi la sainte famille n'aurait-elle pas traversé la Flandre? La bonne Marguerite traduisait le livre sacré, sinon dans le grand style, du moins avec une naïveté touchante. Le tableau du musée de Madrid, comme celui du musée d'Anvers, est finement touché, avec de poétiques intentions. Les vieux historiens disent que Marguerite fut célèbre dans son siècle ; ils assurent que telle était sa passion pour la peinture, qu'elle refusa les joies sacrées du mariage et de la maternité, craignant que les devoirs de l'épouse et de la mère ne l'empêchassent de peindre[1]. Elle ne fut pas la seule. La célèbre Lula, qui est née en Grèce et qui a vécu à Rome, qui peignait et sculptait avec un beau sentiment, ne voulut jamais se marier, craignant que « le trouble des passions et les embarras du ménage n'atteignissent le feu du génie. » La fille de Marcus Varron, la belle Martia qui peignait

---

[1] « Cette sage Minerve eut horreur d'hymen et de Lucine. »

aux applaudissements de Rome et de l'Italie, conserva sa virginité comme une vestale conserve le feu sacré ; elle avait peur de donner son talent en donnant son amour. On sait qu'elle ne voulut jamais peindre des hommes parce qu'en son temps on représentait les hommes vêtus de l'habit donné par le créateur à Adam et Ève.

Jean, élevé dans les principes sévères de la ligne, montra de bonne heure un talent accompli, moins sûr peut-être, mais plus large que celui de son frère. Aussi, peu à peu le vieux Hubert fut détrôné par Jean. Peut-être mourut-il à temps, en septembre 1426, non qu'il dût être jaloux de son frère, qu'il regardait comme son fils, mais parce qu'il est toujours triste, pour un cœur fervent épris de l'Art, de survivre à sa gloire. Le seigneur de Pamelle lui donna la sépulture dans la chapelle de sa famille. Le marbre du tombeau du vieux peintre représentait un squelette tenant en main une planche de cuivre où était gravée cette épitaphe en vers flamands :

« Vous qui marchez sur moi, imitez-moi ; j'étais vivant comme vous, je suis à présent en bas, mort, enterré ; je me nommais Hubert Van Eyck, aujourd'hui je suis la pâture des vers. Autrefois j'étais connu et j'avais beaucoup de réputation dans l'art de la peinture ; peu de temps après, tout était évanoui ! Ce fut l'année de la naissance de Notre-Seigneur 1426, durant le mois de septembre, le dix-huitième jour, que je rendis avec souffrance mon âme au Seigneur. Puissé-je avoir miséricorde devant sa face ! Priez pour moi, vous qui aimez le talent. Évitez le péché, faites le bien, car à la fin, comme moi, vous devez mourir. »

Dans une histoire de Flandre de 1668, Van Vaerne Wick rapporte que « l'os du bras d'Hubert Van Eyck, auquel avait été attachée la main habile de ce peintre, fut longtemps exposé à la vénération du public. » L'historien ajoute qu'il a vu lui-même cette relique dans une armoire de fer à la porte de l'église.

Marguerite fut enterrée dans la même église, d'après ces vers de Lucas de Heere gravés dans la chapelle de Josse de Vydt : « Ici est enterré Hubert ; sa sœur n'est pas loin. Elle aussi étonnait le monde par ses tableaux. »

Philippe le Bon, duc de Bourgogne, avait, en 1420, sa cour à Bruges. C'était un prince protecteur des Arts. La renommée des Van Eyck l'avait frappé; sans doute il était allé les visiter à Gand, sans doute il avait tenté de les attirer à sa cour. Il faut supposer que Hubert voulut mourir le peintre et serviteur dévoué de Josse de Vydt, son ami et royal protecteur; Jean n'avait pas la même religion pour le seigneur de Pamelle. Dès la mort de son frère, on voit qu'il se laisse entraîner à la cour de Philippe le Bon, même avant d'avoir terminé le *Triomphe de l'Agneau pascal.* Ainsi, quoique ce tableau n'ait été livré à Jossé de Vydt que le 6 mai 1432, on a la preuve [1] que, du 19 octobre 1428 au 11 octobre 1429, Jean Van Eyck fut de l'ambassade que le duc de Bourgogne envoya en Portugal pour demander en mariage la fille du roi. Le peintre de Gand avait la mission de faire le portrait d'Isabelle. Au retour de cette heureuse mission, il retourna à Gand continuer son grand tableau; mais, quoiqu'il ne vînt habiter Bruges qu'en 1432, il y passa sans doute le meilleur de son temps, occupé à peindre toutes les figures de la cour.

[1] *Documents inédits concernant l'histoire de la Belgique.* — Gachard. — *Messager des Arts,* publié à Gand.

Il vécut familièrement avec le duc de Bourgogne, qui le nomma son conseiller privé. Sa renommée de plus en plus brillante le fit rechercher par tous les hommes de marque de son temps. Bruges était, au xv° siècle, la plus riche entre toutes les villes commerçantes de l'Europe[1]. Jean

[1] Dans les xiv° et xv° siècles, Bruges était l'entrepôt général du commerce de l'Europe, et le grand marché de toutes les nations. En 1468, cent cinquante vaisseaux entrèrent dans le port de Sluys. Outre le riche entrepôt de la Hanse, Bruges renfermait encore les comptoirs de quinze sociétés commerciales, ainsi qu'un grand nombre de factoreries et de familles de négociants de tous les pays de l'Europe. Cette ville était le bazar de toutes les productions du Nord, destinées pour le Sud, et de toutes celles du Sud et du Levant, destinées pour le Nord. Ces marchandises, chargées sur des embarcations de la Hanse, passaient le Sund, se rendaient sur le Rhin dans la Haute Allemagne, ou bien étaient transportées par terre, des bords du fleuve dans les pays de Brunswick et de Lunebourg.

Il était naturel que cette fortune amenât un amour excessif des plaisirs. L'exemple contagieux de Philippe le Bon ne put qu'accélérer la dissolution des mœurs. La cour des ducs de Bourgogne était la plus voluptueuse et la plus magnifique de l'Europe, sans même en excepter l'Italie. Le luxe des habits, dont la coupe servit plus tard de modèle aux Espagnols, fut introduit enfin à la cour d'Autriche, qui adopta la dernière les habits et les usages des Bourguignons. Des grands, le luxe se transmit aux petits; et le moindre bourgeois ne se vêtit plus que de velours et de soie. — Schiller. —

L'ostentation, qui envahit les Pays-Bas, vers le milieu du xvi° siècle, avait suivi de près la fortune. Les hommes et les femmes portaient à l'extrême la recherche dans leurs habits. Ja-

Van Eyck se trouva sur le chemin d'une fortune rapide. Frédéric, duc d'Urbin, lui paya ce qu'il voulut un tableau représentant un bain; Laurent de Médicis lui acheta d'avance plusieurs tableaux; les négociants de Florence ne trouvèrent rien de mieux à donner à Alphonse, roi de Naples, qu'un tableau du peintre de Bruges. Ce fut en voyant ce tableau qu'Antonello de Messine, émerveillé du talent du peintre et de la fraîcheur du coloris, abandonna sa famille et son œuvre pour aller à Bruges demander à Jean Van Eyck le secret de sa manière de peindre.

Jean s'était marié on ne sait en quelle année. Le portrait de sa femme peint par lui, qui est à

---

mais, chez aucun peuple, le luxe de la table n'avait été poussé à un si haut degré. La familiarité entre les deux sexes, dans les bains et autres rassemblements qui excitent à la volupté, avait banni toute pudeur : il n'est point ici question seulement de la dissolution ordinaire chez les grands ; les femmes du plus bas peuple s'abandonnaient à la débauche, sans frein et sans mesure. — P. DE COMMINES. —

Mais, comme dit Schiller, le philosophe ne préfère-t-il pas l'aspect de ces vifs tableaux, à celui de la triste sobriété du besoin et de la grossière tempérance. Ainsi qu'un rayon de soleil au milieu des sombres giboulées de mars, l'époque des ducs de Bourgogne, dans ce siècle de ténèbres, brille d'une lumière bienfaisante.

l'académie de Bruges, est daté de 1439; une inscription, d'usage autrefois, nous apprend que cette femme était âgée de trente-trois ans. Selon un document des archives de Bruges, elle lui aurait survécu, car ce document mentionne une dame, veuve de Jean Van Eyck. A en croire le portrait du musée, elle n'était pas belle. C'est une vraie Flamande, blonde et mal coiffée. Elle a le nez pointu, l'œil perçant, la lèvre mince. Jean Van Eyck, heureusement, ne la regardait pas quand il peignait ses vierges si souriantes. Il mourut jeune, c'est-à-dire n'ayant pas atteint sa cinquantième année, en 1445. Dans une ode hollandaise, Lucas de Heere chante tristement : « De bonne heure, cette noble fleur s'en alla de ce monde. » Plus tard, Van Waerne Wick, qui écrivait à Gand son histoire des Belges, dit que Jean mourut jeune, et que, s'il avait pu vivre, « il eût surpassé tous les peintres du monde. » Selon Van Mander, Jean fut enterré à Bruges, dans l'église Saint-Douart, « où l'on voit son épitaphe en latin, sur un pilier. » Cette épitaphe a disparu, mais l'écrivain hollandais l'a recueillie :

« Ci-dessous repose Jean, célèbre par ses vertus, dont le talent fut en grand renom chez les connaisseurs, et dont l'Art fit paraître vivante la nature morte. Il donna la vie aux herbes, aux champs, aux fleurs; Phidias et Apelles doivent lui céder le pas, Polyclète aussi s'efface devant lui. C'est à juste titre qu'on peut appeler les Parques cruelles de nous avoir enlevé un tel homme. Des pleurs sont inutiles, tel est le destin irrévocable. Priez pour lui; que son âme en paix repose auprès de Dieu. »

Avant de parler de l'œuvre et de l'école des frères Van Eyck, voyons quel fut celui des deux qui inventa la manière de peindre à l'huile [1].

II.

ORIGINE DE LA PEINTURE A L'HUILE.

Les anciens ne peignaient qu'à fresque et en détrempe; malgré tous les débats, toutes les inter-

---

[1] Le journal commencé par l'abbé Prévost, *le Pour et le Contre*, est le premier livre où il soit question en France de l'origine de la peinture à l'huile. — *Tome XI.* — L'article est rédigé par un homme qui n'a pas approfondi la matière. Ces pages,

prétations, tous les démentis des historiens, c'est une opinion désormais inattaquable [1]. Mais trou-

qui fourmillent d'erreurs, sont plus curieuses qu'utiles à consulter. L'auteur attribue la découverte à Jean Van Eyck, sans indiquer la source de son opinion.

[1] Raspe, — Lessing, — Montabert. — « Il est bien avéré aujourd'hui qu'avant Jean de Bruges l'on ne peignait qu'en détrempe. Les tableaux qu'on cite à l'huile ne sont que des essais malheureux. Cet éclat à la Corrège, qui frappe dans les anciennes peintures grecques, vient peut-être de ce que les ouvriers employaient aussi le blanc d'œuf ou la cire pour vernir leurs tableaux. Quoi qu'il en soit, après l'an 1360, on ne trouve plus que des tableaux en détrempe, sans éclat comme sans mérite. Des érudits ont voulu que l'art de peindre à l'huile nous vînt des Romains. La grande preuve sur laquelle on se fonde est une antiquaille conservée à Verceil et respectée des savants sous le nom de tableau de sainte Hélène : c'est une espèce de broderie composée de morceaux d'étoffe de soie cousus ensemble de manière à représenter une Madone portant l'enfant Jésus. Les ombres des vêtements sont faites à l'aiguille, et en grande partie avec le pinceau. Les têtes et les mains sont peintes à l'huile. La couture est l'œuvre de sainte Hélène, mère de Constantin ; la peinture à l'huile fut ajoutée par les peintres de sa cour : voilà ce que disent les érudits. Malheureusement l'usage de peindre Jésus sur le sein de sa mère est postérieur au iv° siècle, et le papier du tableau de Verceil est du papier de linge. » De Stendhal.

« L'usage de délayer des couleurs avec de l'huile, pour rendre des couleurs plus solides, était assurément connu des anciens ; mais l'application des couleurs ainsi disposées à la *peinture* proprement dite, il ne semble pas qu'ils l'aient connue : on n'en trouve nulle trace ni dans les livres ni dans les monuments. Rollin, homme assez compétent sur quelque matière que ce soit d'antiquité, avance que « les anciens ne peignaient qu'à

vera-t-on dans les temps modernes l'origine certaine de la peinture à l'huile? Un moine allemand appelé Théophile, qui écrivait vers le xie siècle, peut-être sur la fin du xe, a laissé un manuscrit intitulé : *De omnia scientia picturæ artis*. Ce manuscrit, où l'auteur enseigne la manière de peindre à l'huile, a-t-il été connu des Van Eyck? Lessing a voulu, ce manuscrit en main, revendiquer pour les Allemands la découverte de la peinture à l'huile; mais, en étudiant ce manuscrit, on se convainc bientôt que Théophile n'y enseigne que le procédé de remplir par des teintes plates, sans ombres et sans gradations, des contours de figures, comme dans les vases étrusques et dans les anciennes miniatures; même en admettant que Théophile ait connu et décrit le procédé de la vraie peinture, on a cherché vainement dans les anciens tableaux des xiie, xiiie et xive siècles, des traces de ce pro-

fresque ou en détrempe. » Il faut ajouter qu'ils peignaient aussi, non pas à l'huile, mais à l'encaustique, et cela, soutiennent les amateurs de ce dernier procédé, parce qu'ils l'avaient reconnu de beaucoup supérieur à celui de l'huile. Vitruve dit, à la vérité, que les anciens frottaient d'huile les murailles peintes; mais il est clair que ce n'est pas là peindre à l'huile, tout au plus est-ce vernir. » — SCHOELCHER. — *Origine de la peinture à l'huile.*

cédé. Théophile n'aurait donc voulu parler que d'une expérience de laboratoire. Mais ces paroles du manuscrit viennent encore nous prouver que le moine allemand ne considérait l'huile que comme effet partiel : « Il serait trop long et trop ennuyeux d'user de cette méthode dans les figures [1]. »

Toute l'Italie, de Messine à Bologne, de Naples à Venise, a voulu pareillement s'attribuer la découverte de la peinture à l'huile. Son titre principal est un traité de peinture de Cennino Cennini, daté de 1437, où ce peintre parle « de la manière de travailler à l'huile, sur mur, sur panneau, sur fer et sur quoi tu voudras. » Il n'y a qu'une réponse à faire aux laborieux savants qui argumentent avec ce livre oublié : Cennino Cennini n'a jamais peint à l'huile.

Sans nous arrêter davantage à toutes les recherches non moins tardives qui ont attribué cette découverte à Antonello, écoutons Vasari, qui a

---

[1] Cependant il y a des contradictions dans ce traité du moine allemand : ainsi il dit aussi que, pour mieux peindre les visages, les oiseaux, les feuilles, il faut broyer ses couleurs avec de l'huile de lin : « *Accipe colores quos imponere volueris terens eos diligenter oleo lini sine aqua, et fac mixturas vultuum ac vestimentorum sicut superius aqua feceras, et bestias; sive*

écrit au temps où la vérité se pouvait recueillir, c'est-à-dire peu de temps après la mort d'Antonello : « Antonello rapporta la nouvelle manière de colorier de la ville de Bruges, où Jean de Bruges la lui avait enseignée. » S'il y avait eu seulement un doute sur ce point important de l'histoire de l'Art, Vasari eût-il dépouillé un compatriote pour rendre hommage à un étranger? Une autre preuve : en 1463, Andréa Castagno tua son ami Dominico, « afin d'avoir seul à Florence un secret encore ignoré en Toscane. » En 1463, c'est-à-dire un demi-siècle après la découverte en Flandre ! La manière de peindre à l'huile fut découverte à Bruges par les Van Eyck, de 1410 à 1415 [1]. Seulement la gloire en revient-elle à Hubert ou à Jean? En 1415, Jean n'avait pas vingt ans [2].

Ce qui est sans conteste, c'est que ce fut la statue de Jean et non celle de Hubert que la ville de Bruges éleva glorieusement dans ses murs. Cepen-

---

aves, aut folia variabis suis coloribus prout libueris. » Peut-être n'a-t-il manqué à Théophile que d'être un grand peintre comme le furent les Van Eyck pour faire prévaloir sa découverte.

[1] Vasari, *Vie d'Agualo Gaddi.*
[2] Waagen — Puccini — de Bast.

dant, pourquoi Jean plutôt que Hubert, Hubert, l'aîné et le maître, Hubert, qui commença le fameux tableau qui est encore, à cette heure, dans l'église de Saint-Bavon de Gand, le *Triomphe de l'Agneau pascal*, vers 1420, à peine vingt-cinq ans après la naissance de Jean, selon les traditions les plus sérieuses?

Dans la *Flandre illustrée*, parmi les inscriptions monumentales dues à la sollicitude de Christophe de Huerne, et recueillies par Sanderus, on rencontre celle qui se trouvait autrefois sur la bordure du tableau :

> Pictor Hubertus e Eyck, major quo nemo repertus,
> Incepit; pondusque Johannes, arte secundus,
> Perfecit lætus, Judoci Vydt prece fretus.

« Le peintre Hubert de Eyck, le plus grand qui ait jamais existé, a commencé l'ouvrage, et Jean, le premier de son art après lui, l'a terminé à la prière de Josse de Vydt. »

En 1572, il parut une galerie de portraits de peintres flamands. Lampsonius, le graveur, détacha les têtes d'Hubert et Jean Van Eyck du panneau capital du tableau des deux frères, le *Triom-*

phe de *l'Agneau pascal*. Or, à cette époque où il n'y avait pas encore sur l'Art flamand d'histoire écrite, on n'écoutait sans doute que la tradition ; voici donc comment parlait la tradition par la bouche de Lampsonius, qui était graveur, peintre et poëte latin : Pour le portrait d'Hubert. « Aux louanges que ma Muse vous a données, on peut encore ajouter : c'est qu'ayant eu votre frère pour disciple, par vos soins ce disciple a de beaucoup surpassé son maître. » Jean Van Eyck se parlant à lui-même : « C'est moi qui, avec mon frère, inventai la manière de mélanger les couleurs avec de l'huile de graine de lin. Les premiers, nous avons inventé la peinture à l'huile, découverte qui ne fut pas même connue d'Apelles. » On pourrait, par d'autres citations, prouver que la tradition a, sinon accordé à Hubert la découverte, du moins partagé cette gloire avec son frère.

L'histoire écrite a tout bouleversé, voici comment : Antonello ne vint en Flandre que vingt ans après la mort d'Hubert ; il ne connut donc que Jean, dont la renommée s'était accrue de toute la gloire du défunt. L'école de Bruges, jeune et soumise, admirait Jean, son vrai maître, oubliant le pauvre Hubert, qui avait été le maître de Jean. Antonello n'alla pas interroger à Gand le tombeau du frère aîné. Il venait chercher le secret de peindre à l'huile, et non saluer l'auteur de la découverte. Quand il retourna en Italie, il dut parler du génie de Jean, qui émerveillait tous les artistes du Nord, sans même songer à Hubert, qui n'avait laissé qu'une œuvre inachevée. Vasari écrivit son histoire, comme tous les historiens du temps, sur la version la plus naturelle. Celui-là est très excusable; mais l'historien flamand, Van Mander, qui copia Vasari, peut-il être excusé? L'erreur, copiée religieusement par tous ceux qui sont venus ensuite, Ridolfi, Borghini, Lanzi, Félibien, Descamps et tant d'autres, s'est continuée jusqu'au jour où la statue de Jean fut élevée aux acclamations de la ville de Bruges; mais, dès le lendemain, de Bast, bourgeois de Gand, et Waagen, docteur de Berlin, par de savantes recherches, ont à peu près prouvé que c'était à Hubert et non à Jean que la ville de Bruges reconnaissante devait élever un monument [1].

[1] *Messager des Arts de Gand*, années 1823, 1824 et 1825.

Cependant quelques historiens de bonne foi, Van Mander entre autres, assurent que Jean, « quoique bon peintre, » avait une inclination décidée pour d'autres sciences, surtout pour la chimie. En cherchant le moyen de purifier ses couleurs pour les rendre plus durables, il avait trouvé un vernis qui donnait plus d'éclat et de force à ses tableaux. « Mais ce vernis ne se séchait point de lui-même, il fallait exposer le tableau au soleil. Un jour, le soleil, dans son ardeur, sépara en deux le tableau exposé, qui était sur bois. La douleur de voir ainsi détruire le fruit de ses travaux lui fit avoir recours à la chimie pour tenter si, par le moyen des huiles cuites, il ne pourrait pas trouver celui de faire sécher son vernis sans le secours du soleil ou du feu. Il se servit des huiles de noix et de lin comme les plus *siccatives*, et, en les faisant cuire avec d'autres drogues, il composa un vernis beaucoup plus beau que le premier. Il prouva de plus que les couleurs se mêlaient mieux avec l'huile qu'avec la colle ou l'eau d'œuf, dont il s'était jusqu'alors servi, ce qui détermina notre artiste à suivre cette nouvelle méthode. » On voit que le hasard se montre ici comme dans toutes les découvertes. On ne peut nier ce récit des anciens auteurs, qui a tout l'accent un peu vulgaire de la vérité; mais pourquoi n'est-ce pas aussi bien Hubert que Jean qui se trouve dans ce récit ? Jean, on l'a vu, est né au commencement du xve siècle, et, dès 1419, on a des traités, aux archives de Gand, où des peintres s'engagent à faire, non plus des « mises en couleur de statues ou de murailles, mais des tableaux en bonnes couleurs à l'huile. » D'ailleurs, on l'a vu, le *Triomphe de l'Agneau pascal* fut commencé vers 1420; ce n'était pas le lendemain de la découverte que Hubert se fût hasardé à entreprendre une telle œuvre avec un nouveau procédé[1]. Or, était-ce à dix-huit ou vingt ans que Jean eût pu faire cette découverte, qui ne demandait pas un homme de génie, mais au moins un studieux observateur?

Qui sait? peut-être fallait-il la hardiesse aveugle d'un écolier pour arriver à cette découverte si simple? Mais puisque ce sont deux frères, qu'importe? c'est le même nom, c'est le même cœur.

[1] Nous avons sous les yeux *le portrait d'un peintre du temps* (peinture à l'huile) attribué à Hubert Van Eyck, daté de 1415.

Hubert, s'il revenait, serait le premier à saluer la statue de Jean.

Vasari, Van Mander et Descamps ont calomnié les Van Eyck quand ils ont écrit que ces deux célèbres artistes ne permettaient à personne d'entrer dans leur atelier pendant l'heure du travail, afin de garder toute leur vie le secret de leur découverte. Rogier de Bruges et Van der Goës trouvèrent bon accueil dans leur atelier. Peut-être Jean Van Eyck se montra-t-il moins empressé à accueillir Antonello de Messine, qui, pour lui, était moins un artiste qu'un étranger avide de faire sa fortune avec cette découverte. Cependant Antonello retourna bientôt en Italie avec l'amitié de Jean Van Eyck, emportant sur cette terre féconde pour l'Art, non seulement le secret de peindre à l'huile, mais encore la science du coloris [1].

---

[1] « Pendant que l'Italie proclamait la résurrection de sa peinture et célébrait ses nouveaux triomphes, la Flandre voyait s'opérer chez elle une révolution non moins éclatante. Otto Venius, à son retour d'Italie, s'était mis à peindre avec la chaleur de ton et la magie de couleur des Vénitiens. A vrai dire, il ne faisait que rendre à son pays ce que Venise lui avait emprunté, car ce sol brumeux de la Flandre, malgré son pâle soleil, est bien sans contredit la mère-patrie du coloris. Ce n'est pas seulement l'art

III.

ŒUVRES DES VAN EYCK.

L'œuvre capitale des Van Eyck est cette épopée si naïve et si savante, si simple et si grandiose, où se sont inspirés tant d'artistes flamands et hollandais : le *Triomphe de l'Agneau pascal*. Dans le fameux retable de saint Bavon de Gand, on remarque de grandes beautés de style et d'expression ; le coloris a conservé toute sa fraîcheur primitive, toute sa force, toute son éclatante

---

de peindre à l'huile que Van Eyck a inventé ; il a connu et pratiqué la science de tous les grands effets lumineux. Voyez, dans le musée de Bruges, cet archevêque en grands habits sacerdotaux, entouré de son clergé ; peut-on pousser plus loin non seulement le relief des carnations et de tous les détails du costume, mais même l'harmonie générale, la dégradation des plans, le fondu et l'empâtement des couleurs ? On a peine à comprendre comment, après de tels exemples, les successeurs de Van Eyck tombèrent si vite et restèrent si longtemps dans une sécheresse plate et décharnée. L'influence allemande les avait subjugués ; mais, au premier signal donné par Otto Vénius, les vieux instincts du pays se réveillèrent, et de ce jour l'école flamande redevint essentiellement coloriste. » — L. Vitet. — *Eustache Lesueur*.

poésie. Les Vénitiens n'ont pas mieux possédé le génie de la couleur. Le *Triomphe de l'Agneau pascal* est un tableau à volets composé de douze pièces, quatre de fond et huit volets peints en dedans et en dehors. Le génie de Hubert avait un caractère plus candide et plus grandiose ; Jean peignait avec plus de science et d'éclat. Hubert a naïvement développé son sujet sur les volets extérieurs. Au-dessus du panneau capital et sur la même largeur, le Père Éternel, en longue barbe noire, tient d'une main un sceptre de cristal ; l'autre main est levée et semble bénir. Le peintre a représenté Dieu dans toute sa jeunesse et dans toute sa majesté ; l'air de tête est tout à la fois noble, ferme et profond. A la droite de Dieu, la figure inclinée, la Vierge lit un livre qu'elle tient des deux mains. C'est la Vierge pleine de grâce, bénie entre toutes les femmes ; sa bouche est entr'ouverte avec une candeur infinie. On voit que c'est la science du ciel et non celle des hommes qui passe dans son âme. Saint Jean, assis comme elle à côté de Dieu, lit aussi ; un livre est posé sur ses genoux ; sa tête, d'une grande expression, est maigre et pensive ; sa barbe et sa chevelure, d'une longueur démesurée, achèvent de lui donner l'aspect inculte qui convient au Précurseur. Ces trois figures, de grandeur naturelle, se détachent sur des tapisseries brochées, à part les têtes, radiées sur un fond d'or couronné d'inscriptions. Dieu est revêtu d'un manteau et coiffé d'une tiare où Hubert a semé d'une main prodigue des pierres précieuses, dignes du lapidaire autant que du peintre. Le sceptre de cristal est, par sa transparence, une merveille d'exécution. La Vierge est enveloppée d'habits somptueux. Saint Jean lui-même porte, par-dessus sa peau de mouton, un manteau brodé avec agrafe d'or et de rubis. Mais ce qui frappe surtout, c'est la beauté idéale de Dieu, de la Vierge et de saint Jean. C'est l'œuvre d'un grand peintre, puisqu'on reconnaît les célestes figures sous les habits humains.

Aux deux extrémités, les deux volets représentent Adam et Ève, les seules figures nues du tableau ; entre l'homme et la femme, des groupes d'anges largement drapés chantent les louanges de Dieu. Toutes les têtes sont variées dans leur vive expression. Ève tient, contre la tradition, une figue et non une pomme à la main. Selon Van Mander, Hubert était un érudit ayant puisé son idée dans saint Augustin et les Pères de l'Église, qui disent qu'après leur chute Adam et Ève couvrirent leur nudité d'une feuille de figuier.

Voilà l'œuvre d'Hubert, voyons celle de Jean. Chez lui, la nature s'annonce déjà ; il a placé l'agneau debout sur une table au milieu d'une prairie verdoyante tout émaillée de fleurs ; en avant, une fontaine jaillit et ruisselle [1] dans des bassins délicatement sculptés ; c'est la fontaine d'eau vive de l'amour divin. Deux anges portant les insignes de la Passion et armés de l'encensoir gardent l'Agneau sans tache ; un nombre infini d'hommes et de femmes entourent la table où la victime sans péché, symbole du Christ, répand son sang, par une blessure à la gorge, dans un calice béni : ce sont ceux qui aspirent à la fontaine d'eau vive où l'agneau conduit tous les fidèles. Dans cette

---

[1] L'ange me montra encore un fleuve d'eau vive, clair comme du cristal qui jaillissait du trône de Dieu et de l'Agneau.

« Ils n'auront plus ni faim ni soif, parce que l'Agneau qui est au milieu du trône sera leur pasteur, et il les conduira aux sources vives, et Dieu essuiera toutes les larmes de leurs yeux. »

multitude, on distingue les martyrs avec des palmes, les prophètes, les papes, les évêques, les cardinaux, enfin, prosternés sur le devant, « les vingt-quatre vieillards qui ont des trônes à l'entour de Dieu, » selon l'Apocalypse. Au milieu de la foule sont les pèlerins, les ermites, les justes juges et les guerriers du Christ. « Et j'entendis toutes les créatures qui sont dans le ciel, sur la terre, sous la terre et dans la mer, et tout ce qui est dans les cieux, qui disaient à celui qui est assis sur le trône et à l'agneau : Bénédiction, honneur, gloire et puissance dans les siècles des siècles ! » Jean Van Eyck a su animer cette foule gravement échelonnée avec la fécondité d'un génie puissant; tout y est varié à l'infini, l'air de tête comme le costume, l'attitude comme le caractère.

Toutes les passions humaines se montrent dans cette œuvre sous un rayon de piété rendu avec un profond sentiment, avec une candeur primitive. Le paysage est attrayant, plein de vie et d'amour; les plantes sont d'une grande vérité, bien que le peintre ait bizarrement rapproché des arbres de divers climats; la sève y coule avec l'âme du printemps; la composition, toute compliquée qu'elle soit, semble naturelle tant elle est naïve; les draperies sont trop pompeuses, mais n'affaiblissent pas l'éclat des chairs. Les tons ont conservé toute leur fraîcheur : les rouges, les pourpres et les bleus sont aussi vifs qu'au premier jour. Maîtres de leurs palettes les Van Eyck osaient employer des couleurs non mélangées, sans que l'ensemble eût l'air bariolé. « L'œil est charmé par l'intime accord de ces nuances si vives; la fraîcheur ne les empêche aucunement d'être harmonieuses[1]. » On regrette que les Van Eyck se soient trop complus au fini, comme dans les cheveux, les barbes, les crinières de chevaux. Mais quelle fermeté et quelle précision! Quel puissant amour de la vérité? D'ailleurs on n'y voit pas le travail pénible; on dirait d'une création naturelle, tant les coups de pinceau sont bien déguisés!

La critique a voulu expliquer ce tableau et y découvrir des symboles. Peut-être n'est-il que l'expression naïve de l'artiste plutôt que du penseur; voici d'ailleurs une explication digne d'être

---

[1] — WAAGEN.

reproduite. « Pour peu qu'on ait étudié les œuvres d'art du moyen âge, auquel cette peinture touche encore, et que l'on sache les idées symboliques et *encyclopédiques* à la fois qui occupaient l'esprit de tous les artistes, il est impossible de croire que les figures et les volets que nous venons de décrire aient été pris au hasard par Hubert, et n'aient pas, dans sa conception, formulé quelque chose. Ce sont plusieurs tableaux, si l'on peut dire, qui concourent à n'en faire qu'un seul. Dieu le Père, avec la tiare à triple couronne et bénissant, nous paraît représenter l'être trinitaire de la religion catholique. Le livre où lit saint Jean, le dernier des prophètes, doit être celui de *la promesse*, de l'*ancienne alliance*, le Vieux-Testament enfin ; le livre dans lequel lit la Vierge, mère du Rédempteur, doit être celui de l'*accomplissement*, de *la nouvelle alliance*, le Nouveau-Testament. Placez, à côté de ces personnages de la mythologie chrétienne, les concerts des anges qui exaltent la grandeur du Très-Haut ; Adam et Ève, les deux générateurs de l'humanité ; puis, au-dessous, les fidèles prosternés devant l'agneau sans tache, dont le sang coule pour nous racheter, les guerriers, les pèlerins, les princes, les ermites qui accourent du fond des vallées, du sommet des montagnes, afin de prendre part au sacrifice de la victime immaculée : vous aurez un résumé concret de la foi chrétienne tout entière [1]. »

Autrefois les Gantois ne permettaient de voir ce tableau que les jours solennisés par l'église. Van Mander compare la foule qui venait s'agenouiller et s'extasier devant cette œuvre à un essaim d'abeilles autour d'une corbeille de figues et de raisins.

L'agneau mystique fut célébré du Nord au Midi. On allait pour l'admirer comme à un *pèlerinage*. Jean Van Eyck en recueillit toute la gloire. Jean Santi, père de Raphaël, a chanté lui-même, dans ses vers, le peintre des madones flamandes, mais sans accorder un mot à son frère :

> A. Brugi a supra gli altri piu lodati
> Il gran Joannes, il discipol Rugero,
> Con tanti d'Alto merto dotati,
> Della cui arte e sommo magistero
> Di collorire fumo si excellenti
> Che hau superato spesse volte il vero.

[1] — Schœlcher. — *Origine de la peinture à l'huile.*

On retrouve encore à l'Académie de Bruges Hubert et Jean Van Eyck : Hubert, dans une petite *Adoration des Mages,* très assombrie, Jean dans une *Vierge glorieuse,* vaste composition où l'on remarque une singulière vigueur de pinceau et en même temps une grande sollicitude pour les détails [1].

Une composition non moins considérable est le *Calvaire* du musée d'Anvers. Le Christ est en croix au milieu d'une église gothique, entouré de la Vierge, de la Madeleine et de saint Jean. Sept autres groupes représentent les sept sacrements en action. La belle architecture de ce tableau prouve que le génie de ce vieux maître était vaste et varié. Cette œuvre est d'un grand effet. En l'étudiant, on ne peut qu'admirer la perfection du travail.

A la Pinacothèque de Munich, Jean Van Eyck apparaît dans tout son fier et candide génie.

---

[1] Cette œuvre, datée de 1436, serait, selon les critiques, dans le goût et le style du Pérugin. Il faudrait alors admettre que Van Eyck fut un des maîtres de l'école italienne, car le Pérugin naquit en 1446, dix ans après. Antonello de Messine ne serait donc pas seulement venu en Flandre pour emporter le secret de la peinture à l'huile, mais encore pour imiter la manière du peintre

On a réuni dans ce musée trois *Adorations des Mages*, dont l'une est surtout remarquée pour un charmant paysage d'hiver; mais le tableau capital est *saint Luc peignant la Vierge.* Jean Van Eyck, par un touchant et fraternel souvenir, a peint son frère sous les traits de saint Luc, qui fut, selon la légende, le premier peintre chrétien. La Vierge, qui tient Jésus endormi sur son sein, est animée d'une expression maternellement divine. Il y a, dans ce tableau, je ne sais quel souvenir du ciel.

On voit, au Louvre, deux chefs-d'œuvre de Jean Van Eyck, chefs-d'œuvre par le sentiment profondément humain, sinon splendidement céleste, chefs-d'œuvre par l'intelligence de la composition, comme par l'éclat du coloris. Van Eyck a eu le secret de la fraîcheur éternelle; ces deux tableaux semblent sortir de l'atelier; et encore de quel atelier! Le premier représente la Vierge couronnée par un ange, ensevelie dans une draperie bleue. Jean Van Eyck ne pouvait se décider à

---

de Bruges. Il y a là grave matière à discussion; mais les critiques n'ont-ils pas trop légèrement reconnu le style italien dans le style flamand? (Il serait plus juste alors de dire le style flamand dans le style italien).

peindre des anges nus ; il ne créait pas les habitants du ciel d'après ses rêves, il les créait d'après les habitants de la terre. La Vierge de Van Eyck est dans un intérieur charmant ; le salon est pavé en mosaïque. Tous les détails témoignent d'un goût parfait ; mais ce qui ravit dans cette œuvre, ce qui indique surtout où est le sentiment du peintre, c'est le paysage si doux et si poétique qu'on voit se dérouler sur les rives de la Meuse par une grande fenêtre en ogive. Le second tableau représente *les Noces de Cana ;* ce sont des noces de Cana en Flandre. Cependant il ne faudrait pas s'imaginer que déjà les Ostade ou les Teniers se montrent dans Jean Van Eyck ; non, Jean Van Eyck est profondément naïf et chrétien, il ne lui manque qu'un peu plus de poésie pour s'élever dans les hautes régions. Jean Van Eyck a mis à table un petit nombre de personnages, qui, à défaut de l'accent judaïque, ont au moins l'accent flamand des âges de foi. Comme dans tous ses tableaux, Jean Van Eyck montre un très joli goût pour l'architecture : la salle du festin s'ouvre par des arcades sur une place où l'on peut admirer le caractère architectural, à la fois sombre et rayonnant, de Bruges l'espagnole.

Hubert Van Eyck a perdu en vieillissant l'éclat primitif de son coloris; il s'est assombri peu à peu. Jean Van Eyck a conservé toute sa vigueur de tons. On le reconnaît à une nuance pourprée qui illumine poétiquement toutes ses pages.

Les Van Eyck étaient de studieux artistes, qui, séduits par la couleur éclatante, ont çà et là manqué de la science d'harmonie. Ils n'ont pas su sacrifier ces tons trop vifs, qui donnent souvent aux ouvrages de leur temps, quelquefois à leurs tableaux, un aspect de découpures presque criardes. On peut dire aussi que leur dessin manquait un peu d'élégance. Mais, quand on songe que les grâces de l'antique leur étaient voilées, quand on étudie la candeur de leur pinceau, défaut ou plutôt qualité que nous ne retrouverons pas, quand on se rappelle leur imagination si vive et si vaste en ce pays de Flandre où jusqu'alors l'Art avait à peine secoué ses langes, où la Poésie n'était jamais passée et ne devait jamais passer, si ce n'est pour accompagner sa sœur la Peinture, on aime et on salue les frères Van Eyck, même en oubliant qu'ils ont découvert la peinture à l'huile, qui nous permettra d'admirer toujours dans leur éternelle fraîcheur Corrége et Rubens.

Jean Van Eyck parcourut avec une force égale le cycle de l'Art plastique sans jamais oublier que la flamme intérieure doit brûler dans le vase aux puissantes ou délicates sculptures. Il fut tour à tour portraitiste et paysagiste, l'apôtre de l'austère réalisme et du poétique symbole, le peintre ambitieux qui s'égare au paradis de l'Idéal, et le copiste naïf qui reproduit avec la candeur d'un pinceau primitif la scène d'intérieur, le tableau de famille animé d'un rayon biblique. On peut dire qu'avant Rubens, Jean Van Eyck fut l'homme des Flandres [1]. Comme Homère, c'est un historien, un poëte [2], un théologien; il raconte, il invente, il est inspiré. Il commente et explique la Bible, la

---

[1] Et pourtant ce grand artiste signait humblement avec cette réserve ALS IKH KAN, *comme je puis*.

[2] Il ne fut pas seulement poëte en peinture, on lit des vers de lui sur le cadre d'un tableau de la galerie du Belvédère à Vienne.

> Jean de *Leeuw* op sant Orseten daen
> Dat clar eerst met oghen sach.
> Gheconterfeit nu heeft mi Jan
> Van Eyck; blyct wanneer began.

Le mot Leeuw, c'est-à-dire lion, est écrit par un lion peint.

fleur de vie immortelle s'épanouit sur sa palette comme sur la lyre d'or du rapsode grec.

Il y a un mot qui peint fidèlement Jean Van Eyck, un mot qui semble écrit sur tous les tableaux, même sur ceux qui chantent la gloire des vierges et des anges, même sur ceux où l'inspiration divine a conduit son naïf et ingénu pinceau, ce mot c'est PANTHÉISME. Il a aimé la nature avec une foi candide; et la nature, comme une amante touchée au cœur, s'est donnée à lui dans tout son attrait luxuriant. Elle lui a révélé ses mystères féconds : elle lui a chanté son cantique des cantiques par les voix de ses forêts et de ses buissons, de ses montagnes et de ses vallées, de ses torrents et de ses fontaines. Elle a pleuré sur son sein par les yeux de l'aube amoureuse, elle a rayonné de joie dans l'éclat du soleil, elle a emporté ses rêves dans les nuits étoilées. Sous les pieds de son amant, elle a répandu l'herbe touffue, émaillée de marguerites et de primevères, quand elle baisait son front pensif par les lèvres des brises odorantes. C'est pour lui, toujours pour lui, que cette âme de la terre se montrait en grains d'or sur la gerbe bénie, en grains de pourpre sur le cep opulent. Ils se sont aimés d'un amour infini, ils se sont confondus dans la même joie sous le sourire de Dieu, avec Dieu lui-même.

IV.

ÉCOLE DES VAN EYCK.

Hugo Van der Goës (1400-1481) hérita à Gand de la gloire et presque du talent de Van Eyck, son maître. Il fut le directeur des fêtes données par cette ville à Charles le Téméraire, à son avénement au trône des comtes de Flandres ; il alla bientôt à Bruges peindre les décors *destinés à encadrer les noepses* du prince : « Comptes de Hollet touchant les ouvrages fais en l'ostel de monseigneur le duc de Bourgoingne en sa ville de Bruges pour y tenir la feste de sa thoison d'or et la solennpité de ses noepses, aussi de plusieurs entremetz de painture et aultres pour servir aux banquetz d'icelly en l'an mccccLxvIII [1]. » Hugo Van der Goës,

---

[1] Registre de l'ancienne chambre des comptes.— REIFEMBERG. — Histoire des ducs de Bourgogne.

après avoir beaucoup couru les fêtes du monde, se fit ordonner prêtre et devint chanoine du monastère de Roodendale, au voisinage de Bruxelles, où l'on a retrouvé cette épitaphe.

Pictor Hugo Van der Gors *humatus hic Quiescit*
Dolet ars, cum similem sibi modo nescit.

Les iconoclastes n'ont pas porté leur main sacrilége sur tous les tableaux de Hugo Van der Goës. J'ai vu à Florence (Sancta Maria nuova) un triptyque dont le panneau principal représente la naissance de Jésus. C'est la nativité en Flandre, avec les airs de tête, les costumes et le paysage familiers à Hugo Van der Goës. C'est une œuvre précieuse qui vous sourit par la candeur et l'ingénuité primitives. On y reconnaît la touche précise et délicate de l'école de Bruges; mais on n'y retrouve pas cette fleur vivante de coloris, dont la virginité semble défier les atteintes du temps. Comme Jean Van Eyck, il déroulait son poëme en pleine nature; les deux autres panneaux du triptyque représentent saint Mathieu et saint Antoine, sainte Marguerite et Sainte Marie-Madelaine au milieu de vastes campagnes. Le saint Jean-Baptiste de la

Pinacothèque de Munich, n'est autre chose qu'un prétexte à forêts, à fontaines, à montagnes et à vallées. Dans son tableau le plus vanté autrefois, *Abigaël allant au-devant de David*, le paysage est merveilleusement étudié. Mais dans cette œuvre originale la nature n'était qu'un cadre : le peintre avait représenté sa maîtresse et les amies de sa maîtresse dans Abigaël et ses femmes. Un souffle amoureux était répandu sur ce tableau et faisait frissonner les seins nus de ces belles filles de Gand. Le vieux Lucas de Heere, dans son admiration pour cette œuvre, écrivit un sonnet où ces charmantes créations chantent en chœur le génie de Hugo Van der Goës. « Il ne nous manque guère que la parole, défaut rare chez les femmes. » Mais ne sont-elles pas déjà trop éloquentes ?

Le meilleur disciple de Jean Van Eyck fut Rogier de Bruges ou Rogier Van der Weyden (1400-1464) dont le style va flottant de son maître à Hemling. Il est d'ailleurs presque impossible de caractériser sa manière multiple ; il peignait avec le même talent des scènes de religion et des mascarades. Il n'a pas la santé robuste, le tempérament sanguin de son maître, mais il a en lui-même une poésie intime, un sentiment de l'idéal qu'il exprime avec une douce éloquence. Chez Jean Van Eyck le soleil, dans tout son éclat, frappe avec violence les tons vivants roses des figures, le bleu vif ou la pourpre des draperies, l'émeraude des prés; chez Rogier de Bruges, c'est l'aube timide encore qui répand sa lumière douce et indécise. Rogier a les tendresses élégiaques du rêveur. Son esprit est toujours à l'œuvre, mais sa main est quelquefois rebelle; de là cette mollesse dans l'exécution, cet affaiblissement du génie aux dernières heures du travail. Ce qu'on ne saurait trop admirer chez Jean Van Eyck, c'est qu'il conserve toute sa puissance de touche pour parachever son œuvre. Ce grand artiste, comme Rubens plus tard, n'a connu ni les fatigues ni les défaillances. Rogier de Bruges, quand il sortait des pages religieuses pour les pages familières, telles que les mascarades, les assemblées, les portraits, avait une allure plus vive et plus libre, mais ce qu'il gagnait en chaleur d'exécution il le perdait en sentiment. Il distinguait ses œuvres en deux espèces : les tableaux faits pour Dieu, les tableaux faits pour les hommes; ceux qui devaient orner les églises, ceux qui tapissaient les murs des maisons flamandes. Rogier de Bruges avait voyagé en Italie où il avait surtout admiré les œuvres de Gentile Da Fabriano. Lui-même fut très admiré en Italie par les princes et les artistes ; les Van Eyck y étaient depuis longtemps révérés.

Josse de Gand, qui peignait à Gênes une fresque en 1451 *(l'Annonciation)*, un tableau à Urbin de 1465 à 1474 *(la Circoncision du Christ)*, rappelait tout à la fois Jean Van Eyck et Hugo Van der Goës. Sous un éclatant coloris on retrouve la fermeté du dessin de ces deux peintres. Plus de science peut-être, mais aussi plus de roideur. Déjà la candeur du pinceau s'est évanouie.

On pouvait encore citer dans l'école des Van Eyck Rogier Van der Weyde, le vieux *portraicteur de la commune de Bruxelles*. Dans les ordonnances de 1436, il figure comme « peintre à gages de la ville. » Opmur [1] rapporte que le vieux Rogier Van der Weyde avait peint, pour la chapelle de la Vierge-des-Douleurs à Louvain, un tableau qui fut enlevé presque par violence pour la reine Marie de Hongrie, qui ne voulait

---

[1] *Opmerii chronographus.*

plus vivre sans avoir ce chef-d'œuvre sous les yeux.

L'expression était pour lui le triomphe de la peinture ; aussi étudiait-il avec une pieuse sollicitude les passions de l'âme, mais surtout la douleur et la vengeance. On a beaucoup vanté, pour la force de l'expression, sa fameuse *Descente de Croix*, qui, envoyée en Espagne, échappa miraculeusement à la tempête, quoique le vaisseau où elle était fût submergé. Les quatre tableaux qu'il peignit pour la salle du conseil de Bruxelles sont d'un effet saisissant; celui qui frappe le plus vivement, représente un vieillard au lit de mort : il embrasse son fils convaincu d'un crime, mais en même temps il l'égorge pour le punir lui-même. Sa tête est terrible et majestueuse, c'est le caractère de la douleur humaine et de la vengeance céleste. Van der Weyden a peint plusieurs portraits de grands personnages qui, sans doute, le payaient généreusement, car il mourut riche. Comme il n'avait point de famille, il légua tout ce qu'il avait aux pauvres de Bruxelles. Lampsonius a célébré tout à la fois le génie du peintre et le cœur de l'homme. « Ta gloire, ô Rogier, ce n'est point d'avoir peint des ouvrages dignes de ton siècle, dignes d'étude et d'admiration pour les peintres de mon siècle à moi. C'est d'avoir secouru le pauvre du noble produit de ton pinceau, c'est d'avoir pensé à lui à ton dernier jour, c'est là un monument splendide et durable comme le marbre qui déguise la faiblesse des orgueilleux. » Rogier Van der Weyden mourut à Bruxelles, en juin 1444; il fut enterré sous les voûtes de Sainte-Gudule; sur la pierre bleue qui protégeait ses cendres, on grava cette inscription :

> Exanimis saxo recubas, Rogere, sub isto,
> Qui rerum formas pingere doctus eras,
> Morte tua Bruxella dolet, quod in arte peritum,
> Artificem similem non repire timet.
> Ars etiam meret, tum videcata magistro,
> Cui par pingendi mellus in arte fuit.

René d'Anjou (1408-1480) a été classé, par quelques historiens, dans l'école de Van Eyck. Sans doute il a pu, avec sa nature toute d'amour, de poésie et d'art, s'enthousiasmer devant l'œuvre de deux frères; mais en peignant des miniatures dans ses manuscrits, il suivait l'exemple d'un grand nombre d'enlumineurs français du xve siècle.

Nous admettrons plus volontiers Lievin de Witte, qui a peint une très belle Femme adultère, une Adoration de Mages et une Tour de Babel; il était passé maître en perspective et en architecture. Sa touche, quoique précise, manquait un peu de relief. Ses compositions rappelaient le goût de Van Eyck. Il y a eu aussi un Lievin Van der Raem, qui vers le même temps et dans la même manière, peignait pour Charles le Téméraire. On voit de lui un tryptyque curieux, au musée d'Anvers, représentant trois pages de la vie du Christ.

On doit à un critique allemand [1] les quelques points lumineux qui éclairent l'œuvre et le nom de Pierre Christophsen (Vasari l'appelle Pietro Christa; le peintre signait Petri Christophosi). Un de ses tableaux peints à l'huile, en 1417, représente une Vierge à l'enfant d'une fraîcheur inaltérable, assise sous un dais soutenu par des colonnettes en cristal, couvert de draperies brodées en fil d'or. Par une porte ouverte on aperçoit un de ces savoureux paysages dont les Van Eyck avaient trouvé le secret. On a retrouvé quelques autres de ses tableaux, tous

[1] — Passavant. —

dans le même caractère de réalisme puissant, mais de son histoire pas un mot.

Il en est ainsi de Guerard Van der Meire, qui a mérité d'être confondu avec les Van Eyck et dont ne parle nul chroniqueur. Il n'a pas d'ailleurs atteint à la force de vie intime ni à l'éclat du coloris qui caractérisent ses maîtres ; il a la pâleur et les défaillances d'un artiste de Cologne. L'apparition fantastique des images bysantines est trop souvent venue passer dans son imagination pendant qu'il regardait la nature par *l'œil simple* de Van Eyck. Sa peinture, en un mot, ne manque pas d'effet, mais elle manque de santé ; elle n'a plus la poésie, elle n'a pas la vérité. Hotho le suppose à bon droit l'élève du vieux Hubert qui avait toujours une religion secrète pour Stephan et Wilhem. On peut étudier la manière de Van der Meire à Saint-Sauveur de Bruges, dans un tableau renfermant à la fois Jésus portant sa croix, Jésus entre les deux larrons, Jésus détaché de la croix. La Vierge et la Madeleine sont peintes avec un beau sentiment, mais le Christ ne porte pas sur son front l'auréole divine. A Saint-Bavon de Gand, ce drame solennel de la croix est aussi peint par Van der

Meire, mais d'une main plus faible et sans les divines lueurs de l'inspiration ; cependant il cherchait à exprimer dans les figures chrétiennes par la longueur outrée du front, la suprême vie de l'intelligence. Ce peintre eut un frère qui, en sortant de l'atelier de Van Eyck, devint le peintre officiel de Charles le Téméraire. Le temps n'a rien conservé des œuvres de son pinceau.

Mais la gloire de l'école des Van Eyck fut Cornelius Enghelbrechtsen, que nous allons étudier ; il fut élève des Van Eyck par tradition, et devint le maître de Lucas de Leyde.

L'histoire a négligé de recueillir le nom des autres élèves ou imitateurs des Van Eyck. Le nombre en fut grand, à en juger par les œuvres du même style qui se reconnaissent dans les villes de Flandre. Hemling, le grand maître, qui montra tant de génie quand les glorieux Van Eyck furent couchés dans leurs tombeaux, Hemling ne créa pas d'imitateurs en Flandre. Ceux qui n'avaient pas vu le Pérugin et qui ne pressentaient pas Raphaël pouvaient-ils comprendre toute la suprême majesté de la poésie et du style de Hemling, le maître qui s'éleva sur son génie jusqu'au ciel pour trouver le sentiment?

Jean Van Eyck avait trouvé le paysage dans sa ferveur à peindre l'œuvre de Dieu dans toute sa vérité. Sous la candeur de son pinceau, les fraîches prairies de Bruges, les vertes montagnes de la Meuse, toutes couronnées de brumes, s'étaient animées de la vie universelle. L'histoire ne doit guère s'arrêter à Joachim Patenier ni à Henri de Bles, qui l'ont mal imité. Le poëte Lampsonius les célèbre ainsi dans ses vers : « Dinant, la ville des Éburons, avait produit un peintre; les beaux sites de sa patrie lui révélèrent son talent; il ne lui fallut pas d'autre maître. La petite Bouvignes s'affligea de la gloire obtenue par sa rivale, et mit au monde Henri de Bles. Mais autant sa voisine l'emporte sur elle, autant Joachim l'emporte sur Henri. » Les paysages de ces deux vieux maîtres sont bien inférieurs à ceux de Jean Van Eyck; l'amour du détail les égare ; leur couleur est criarde, leur perspective outrée, partant point de charme et point d'harmonie; point de vérité non plus, parce qu'ils ont voulu voir la vérité de trop près. Albert Dürer vantait beaucoup les paysages de Patenier. Dans son voyage en Flandre, les trois artistes qu'il rechercha avec le plus de sympathie furent Van Orley, le sculpteur Conrad et Patenier, mais Albert Dürer n'était pas infaillible dans ses jugements : il ne montra qu'une médiocre estime pour le seul qui fût à sa hauteur, le grand Lucas de Leyde. Le temps seul est le grand juge.

II.

NAISSANCE DE L'ART EN HOLLANDE.

ALBERT VAN OUWATER.— GUÉRARD DE SAINT-JEAN.
DIRCK STUERBOUT.— JEAN MANDYN.
JÉROME BOSCH.
JEAN BOSCH — CORNELIUS ENGHELBRECHTSEN.
JEAN SWART.— RICHARD ÆRTSZ.
ÉRASME.

Les peuplades de ce pays perdu dans la mer étaient dans l'origine les plus sauvages peut-être du globe. Aucun monument de l'esprit, nul vestige de l'Art n'est venu nous apprendre si la vie intelligente avait rayonné sur leur front. Ils ont eu, comme tous les enfants de Dieu sur la terre, la poésie intime de l'amour et la poésie sauvage des combats. Mais le seul poëte reconnu parmi eux est venu jusqu'à nous : c'est la mer du Nord, qui leur chantait la grandeur infinie du Très-Haut, la fureur éloquente des passions et les sombres tristesses du néant. Le premier sentiment de l'Art qui se révéla chez eux fut apporté par l'esprit romain au temps de la conquête. Les autels de Sandrodiga et de Néhalennia, les quelques débris retrouvés çà et là dans ce pays si peu fertile en vieux monuments, offrent le caractère romain étouffé par l'aspect grossier et sauvage. C'est le christianisme qui devait faire éclore dans le silence rêveur des monastères les premières fleurs de l'Art néerlandais.

Pour l'histoire de l'Art en Hollande, il est impossible de trouver dans les livres, les catalogues, les traditions ou les musées, un souvenir important avant Albert Van Ouwater. Au XIIIe siècle, les peintres verriers succédaient avec quelque éclat aux imagiers; malheureusement pour l'histoire de l'Art il ne reste rien d'eux en Hollande. L'aveugle fureur des iconoclastes et les orages de la réforme ont flétri à jamais ces bizarres imaginations poétiquement épanouies comme un avril luxuriant sur les vitraux des églises.

Tandis que Bruges, l'austère et bruyante cité, s'ennoblissait par la peinture, Harlem, la ville du silence et de la poésie intime, la ville du repos et des jardins, allait briller à son tour des splendeurs de l'Art. Ce n'était pas seulement sur un point des Pays-Bas que devait éclore la fleur vivace de la peinture; la Hollande, comme la Flandre, voulait marquer glorieusement sa place dans l'histoire du génie humain [1].

Le Van Eyck de Harlem fut donc Albert Van Ouwater; la guerre espagnole a dispersé ses œuvres. Il naquit vers la fin du xiv° siècle. Sans doute, il étudia à l'atelier de l'un ou de l'autre Van Eyck, car il peignait à l'huile vers le même temps. Entre autres tableaux de Van Ouwater,

---

[1] On remarque chez les Hollandais deux centres principaux, dont les tendances sont diverses et deviennent de plus en plus tranchées avec le temps. Leyde, située dans le voisinage de La Haye, au milieu des terres, asile dès longtemps renommé d'antiquaires et de théologiens, semblait présenter une plus ample matière à l'étude humaine et aux savantes combinaisons de l'art. Harlem au contraire, bâtie plus au nord, presque entre deux mers, pour un peuple de pêcheurs, tourna davantage les regards de ses enfants vers la contemplation des scènes de la nature. Dès l'origine on pressent, dans le sein de l'école, la division qui doit résulter de ces dispositions différentes. —H. Fortoul. — *L'École Hollandaise.*

on remarquait une *Résurrection de Lazare* et un *saint Pierre et saint Paul*. Van Mander, qui a vu une copie ébauchée de la *Résurrection de Lazare*, a jugé « que la figure était bien dessinée, quoique nue. Le fond était d'une belle architecture, les apôtres et les femmes d'une grande expression. » Hemskerck rapporte qu'il a souvent été voir et admirer ce tableau avec son fils, qui fut son élève, sans pouvoir apaiser son admiration[1]. Le *saint Pierre et saint Paul* que Van Ouwater avait peint pour la chapelle des pèlerins, dans la cathédrale de Harlem, était surtout un tableau capital; les figures, de grandeur naturelle, ne manquaient ni de vérité, ni d'élévation. Au-dessous du principal panneau, Van Ouwater avait peint un paysage d'une perspective merveilleuse; on y voyait des pèlerins sans nombre, les uns en marche, les autres en repos, ceux-ci animés de la plus pieuse ardeur, ceux-là se prélassant à un repas champêtre. Il n'y avait presque rien à dire ni contre le dessin ni contre la couleur. « Le paysage, dit Van Mander, passait pour le meil-

---

[1] L'original doit se retrouver en Espagne dans quelqu'église autrefois célèbre, aujourd'hui déchue.

S.

leur du temps; » s'il faut en croire les peintres anciens, « ceux de Harlem ont été les premiers paysagistes de bon goût. » Sans doute, après Jean Van Eyck.

Van Ouwater fit école à Harlem : son élève reconnu fut Guérard de Saint-Jean, né, vers le commencement du xve siècle, à Harlem, dans le monastère de Saint-Jean. Quoique mort à vingt-huit ans, l'histoire a pieusement recueilli ce nom déjà si glorieux. Guérard de Saint-Jean ou Guérard de Harlem a beaucoup dépassé son maître dans l'ordonnance des sujets, dans l'élégance du dessin et dans la noblesse de l'expression. On admira longtemps, au grand autel de l'église de Saint-Jean, un tableau représentant *Jésus crucifié*. Au sac de Harlem, un seul volet de cette œuvre échappa à la fureur des soldats. Jusque-là on n'avait jamais peint en Hollande avec plus d'art et de vérité la douleur sur la figure des saintes femmes et des apôtres. Les artistes du temps regardaient ce tableau comme le plus beau du siècle. Ce fut pour voir les œuvres de Guérard de Saint-Jean qu'Albert Dürer fit le voyage de Harlem. En les voyant, il disait tout haut : « Il faut être bien favorisé de la nature, pour en venir à ce point de perfection. En vérité, celui-là était déjà peintre dans le sein de sa mère. »

Vers le même temps, Dirck Stuerbout peignait à Harlem, où il était né. On pense qu'Albert Dürer étudia beaucoup la manière de ce peintre, manière tout aussi fine et moins sèche que celle du maître allemand. Van Mander dit avoir vu de lui un tableau d'autel avec deux volets dans la ville de Leyde. L'intérieur représentait Jésus-Christ, l'un des volets saint Pierre, et l'autre saint Jean. Ce tableau, daté de 1462, montrait un goût presque puéril pour le fini et le détail. On ignore l'époque de la mort de Stuerbout[1]. On sait qu'il voyageait dans les Flandres, s'arrêtant dans les monastères pour y peindre des tableaux religieux. On a gardé à Louvain jusqu'en 1827 un souvenir précieux de son séjour en cette

---

[1] En 1462, son portrait fut gravé par Théodore Galle; au bas de la gravure on lit ces vers de Lampsonius.

> Huc et ades, tuam quoque Belgica semper
>   Laude nihil ficta tollet ad astra manum;
> Ipsa tuis, rerum genitrix, expressa figuris
>   Te natura sibi dum timet arte parem.

ville, où sans doute il a fondé une école; il avait traduit en peinture une légende imaginaire, visible aujourd'hui au château de La Haye. Ce sont deux tableaux un peu criards dont les figures frappent le spectateur par une expression singulière. Stuerbout écrivait sur ses cadres : « C'est Stuerbout qui m'a peint, Dieu lui donne le repos éternel. » Vanité naïve! foi en son œuvre comme en Dieu!

Au temps où il quittait Harlem, Jean Mandyn y ouvrait, pour ainsi dire, l'ère de la peinture bouffonne et grotesque, çà et là traversée par des souvenirs religieux. On pense que Jean Mandyn et Jérôme Bosch se connurent, sinon en se rencontrant, du moins par leurs tableaux. En effet, ils peignaient dans le même temps, dans le même goût et dans les mêmes idées, le premier à Harlem, le second à Bois-le-Duc.

Jérôme Bosch eut pour ainsi dire le vertige de la création. Après avoir longtemps habité le monde invisible de l'esprit chrétien, comme Dante et les plus anciens peintres de l'école florentine, il refit le Chaos pour y trouver sous sa main puissante les démons et les spectres, les visions lu-

gubres et bouffonnes, les images impossibles de
l'enfer, la comédie des épouvantements. Aldorfer,
Lucas Cranach, Breughel d'Enfer, Teniers, Callot, Goya, Hogarts, sont ses enfants plus ou moins
légitimes. Il naquit à Bois-le-Duc, où, un des premiers, il peignit à l'huile; sa manière est moins
dure, ses draperies sont plus simples et plus variées que celles de ses contemporains. Il recherchait tour à tour et tout à la fois les sujets bouffons
et terribles. Le premier, en Flandre, il peignit les
scènes grotesques ou solennelles de l'enfer. Une
eau-forte, d'après un de ses tableaux, m'a permis
de juger toute sa puissance. C'est un *Enfer* où le
Seigneur délivre les anciens patriarches. Cet *Enfer* de Jérôme Bosch a dû jeter feu et flamme avec
une singulière illusion; cette illusion subsiste
même dans l'eau-forte. Ses compositions témoignent d'une imagination bizarre : c'est le songe
fantastique d'un homme qui s'endort, ivre à demi;
c'est la vision funèbre d'un esprit en délire [1].

[1] Ses créations sont de trois espèces : la vie et la passion du
Christ; la tentation de saint Antoine, le purgatoire et l'enfer,
tous ses sombres tableaux; enfin, les passions humaines symbolisées. — SIGNENZA. —

On retrouve dans les Pays-Bas et en Espagne des tableaux de Jérôme Bosch. Van Mander a beaucoup loué une *Fuite en Égypte,* où saint Joseph demande le chemin à un paysan. Le sujet principal du tableau était exécuté avec un vrai sentiment chrétien; mais, dans le fond du paysage, Jérôme Bosch avait donné carrière à sa bizarrerie : on apercevait dans le lointain, au pied d'un rocher escarpé, un petit cabaret flamand; non loin de là, toute une peuplade égayée assistait à une danse d'ours et aux faits et gestes d'un bateleur. Il est arrivé quelquefois à ce peintre de faire un tableau sérieux de point en point. On en cite un entre autres de beaucoup d'expression, touché avec une ferveur candide, qui représentait *Jésus portant sa croix;* mais son imagination toujours en feu l'entraînait plutôt aux compositions spirituelles, étranges, burlesques. On a beaucoup vanté sa *Dispute entre un religieux et des hérétiques* : le religieux offre pour dernière épreuve de mettre de part et d'autre leurs livres au feu, disant que ceux qui ne seront pas épargnés par les flammes seront jugés mauvais; or, les flammes dévorent tous les livres, excepté celui du religieux. On voit qu'il y avait déjà des protestants en Hollande.

La manière de Jérôme Bosch était trop facile; tous ses tableaux paraissent faits de rien et manquent d'étude. Il peignait tout au premier coup, sans jamais revenir le lendemain sur son travail de la veille ; cependant ses tableaux n'ont jamais changé. Sur l'impression de ses panneaux, qui était blanche, il savait ménager des tons transparents qui donnaient à son coloris un air vif et chaud. Descamps, tout en rendant justice à ce génie incomplet, s'écrie naïvement : « Quel dommage que Jérôme Bosch n'ait jamais conçu que des idées monstrueuses et terribles ! Ce qui surprend, c'est que ses tableaux ont été fort chers ; à quel prix auraient-ils donc été, s'il eût traité des sujets riants ? »

Jean Bosch vivait à Bois-le-Duc dans le même temps sans doute ; il était de la famille de Jérôme, mais il ne peignait pas dans les mêmes idées. Jean Bosch fut le premier, dans les Pays-Bas, qui s'attacha à reproduire la nature morte. Poëte amoureux de l'œuvre de Dieu, il excellait à peindre des fruits et des fleurs avec une vérité frappante et un fini merveilleux. Il a surpris tous ses contemporains par la fraîcheur du coloris. Van Mander affirme qu'on ne pouvait pas aller plus loin vers l'illusion. Sur ses pêches et ses abricots on voyait couler la rosée du matin ; dans ses bouquets, d'une variété sans exemple, on voyait vivre toute la peuplade des insectes. Il a passé sa vie dans une retraite silencieuse comme les fleurs qu'il aimait, au fond d'un jardin qui était tout un monde pour lui. Van Mander n'a pu découvrir l'époque de sa naissance ni celle de sa mort.

Cependant la ville de Leyde ne devait pas demeurer étrangère à ce beau mouvement des arts qui se produisait dans le Nord avec tant d'éclat. Un de ses enfants, Cornille Enghelbrechtsen, né en 1468, avait pris pour guide les ouvrages de Jean Van Eyck. Il peignit tour à tour à l'huile et en détrempe avec beaucoup d'expression et de délicatesse. Les tableaux de Lucas de Leyde, qui fut son élève par tradition, donnent bien l'idée de sa manière noble et un peu sèche. Cornille Enghelbrechtsen était un peintre rêveur et philosophe ainsi que Lesueur et le Poussin ; et, comme il avait étudié longtemps les mouvements de l'âme, les physionomies de ses personnages offrent une singulière variété d'expression. Il a représenté, entre autres grands sujets, un *Sacrifice d'Abraham,* un *Christ en Croix entre les larrons,* une *Descente de Croix* entourée de petits panneaux qui font voir les douleurs de la Vierge. L'ouvrage capital de Cornille Enghelbrechtsen était un tableau à deux volets, destiné à la chapelle mortuaire des seigneurs de Lockhorst. Le panneau du fond représentait l'agneau de l'Apocalypse au milieu d'une multitude de figures disposées avec intelligence et peintes avec un pinceau savant et délicat[1]. L'académie des beaux-arts à Venise renferme une page religieuse d'Enghelbrechtsen du plus beau sentiment. C'est Jean Van Eyck, c'est Hemling. Je suis allé vingt fois devant ce tableau, de plus en plus émerveillé de tous ces éclairs de l'âme qui rayonnent sur les figures expressives nées de cette palette pleine de vie. Cornille Enghelbrechtsen mourut à Leyde, âgé de soixante-cinq ans, très estimé des peintres de son siècle et très honoré des grands de son pays.

Il laissa deux fils, ses élèves, Cornille Kunst et Cornille le Cuisinier. Cornille Kunst naquit en

---

[1] — Van den Bogaart. —

1493 et mourut en 1544. Il imita, dans ses petits panneaux religieux, la manière délicate de Hemling, mais sans s'élever au style inaccessible de ce grand peintre. On a souvent parlé d'un portrait de Cornille Kunst, assis dans son jardin, à Leyde, « avec ses deux femmes, » dit Van Mander sans commenter ce passage si digne de commentaires. Son frère, Cornille le Cuisinier, fut ainsi nommé parce qu'il fut obligé, « pendant la guerre, d'être alternativement peintre et cuisinier, étant chargé d'une nombreuse famille. » Il avait huit enfants et une femme adultère ! Craignant de périr à la peine dans sa ville natale, il voulut tenter fortune ailleurs ; il passa en Angleterre avec toute sa maison ; Henri VIII l'accueillit et le protégea. Depuis, on n'eut jamais de ses nouvelles. Il peignait, comme son frère, à l'huile et en détrempe, de petites figures expressives, d'une jolie couleur [1].

Vers le même temps on vit poindre l'aurore des arts jusqu'à Groningue, en Ost-Frise, jusqu'à Wyck-sur-Mer, province de Noort-Hollande. Jean Swart naquit à Groningue vers 1480. Il fut le pre-

---

[1] — LUCAS DE HEERE. —

mier peintre hollandais qui entreprit le voyage d'Italie. Il demeura longtemps à Venise, où il tenta de fondre le goût hollandais dans le goût vénitien. Il revint en Hollande avec un style qui marqua une nouvelle ère pour la peinture. Schooreel, que Franc Floris a surnommé le flambeau des peintres flamands, se servit des études de Jean Swart, qui peignait également bien l'histoire et le paysage. Ses ouvrages sont assez rares. Des graveurs sur bois ont reproduit quelques-uns de ses tableaux, comme des *Turcs à cheval armés de flèches et de carquois*, un *Christ prêchant dans un bateau*. Schooreel, par ces gravures qu'on retrouve çà et là, a pu étudier le goût distingué de ce peintre.

Richard Ærtsz (Richard à la jambe de bois) naquit à Wyck-sur-Mer, en 1484. Ses parents étaient de pauvres pêcheurs, qui ne songeaient qu'à faire de leur fils un marchand de poissons; mais, tout jeune encore, Richard s'étant brûlé le pied, on le transporta de Wyck à Harlem, près d'un fameux médecin, qui fut bientôt contraint de lui couper la jambe. Il passa quelques années sans faire un pas, comme emprisonné. Ne sachant comment perdre son temps, il s'était avisé de charbonner les murs de sa chambre. Quelques personnes, reconnaissant dans ses dessins barbares un grand instinct d'artiste, le placèrent chez un des peintres, alors célèbres, Jean Mostaert, qui peignait encore sous la direction de son maître, Jacques de Harlem. Au bout de quelques années, on confia à Richard Ærtsz un tableau d'autel; il commença par peindre les volets. Sur le premier, il représenta les frères de Joseph venant acheter des blés en Égypte; sur le second, Joseph assis sur son trône. Voyant Richard à l'œuvre, Jacques de Harlem l'embrassa comme son fils et lui demanda la faveur de peindre le fond du tableau. Richard, quand il eut un talent accompli, voulut retourner dans sa famille. Il peignit des tableaux religieux pour toutes les églises de Frise, où on les cherche encore, mais presque toujours en vain. Il finit par fixer sa demeure à Anvers; il y fut admis à l'académie en 1520. C'était un homme aimable, quoique dédaigneux, tour à tour enjoué et chagrin; il avait une belle tête, expressive et pittoresque. Franc Floris l'a représenté, dans ses tableaux religieux, sous la figure de saint Luc. Il mourut à quatre-vingt-quinze ans, au mois de mai 1577. Presque aveugle depuis longtemps, il peignit cependant jusqu'à la dernière année de sa vie. Aussi ses panneaux avaient quelquefois, en certaines parties, une épaisse couche de couleur. Le public ne goûtait pas cette manière de peindre, mais le vieux Richard conservait pour ses œuvres dernières tout l'orgueil de son meilleur temps ; il disait : « Je n'y vois presque pas, mais le public est encore moins éclairé que moi [1]. »

Ce n'est point ici le lieu d'étudier Érasme dans sa vie et dans ses œuvres. Abandonnons à d'autres le philosophe et le savant ; contentons-nous de noter au passage que ce grand esprit, une des plus vives et des plus hardies lumières de son siècle, n'était pas étranger au mouvement des arts. S'il faut en croire Dirck Van Blayswych [2], et quelques historiens ou amateurs du temps, Érasme, s'étant retiré dans le monastère d'Emmaüs ou Tensteene, près de Gouda, se mit à peindre, d'abord par distraction, bientôt par

---

[1] — SLINGELANDT. —
[2] *Description de la ville de Delfts.*

goût, enfin par passion [1]. Il avait choisi ce monastère pour la bibliothèque, qui était la plus belle du siècle. Mais que pouvait faire un savant comme Érasme dans une bibliothèque? Un livre, pour un philosophe, est un ami qu'on cherche à connaître ; mais une bibliothèque, c'est le chaos. Mieux vaut ouvrir la fenêtre et lire dans le grand livre que Dieu déploie sur la nature. Érasme eut le bon esprit de ne point trop secouer la poussière de la plus belle bibliothèque du siècle. Il se mit donc à peindre. La Bible et l'Évangile étaient alors comme aujourd'hui, pour les penseurs et pour les peintres, la plus solennelle poésie. Parmi le grand nombre de tableaux composés par Érasme, on remarquait surtout un Calvaire où Notre-Seigneur était représenté à l'instant même de son supplice. Cornille Muscius, prieur du monastère, le conserva toute sa vie avec vénération. Il avait inscrit ces deux lignes sur le cadre : « Ce tableau, ne le méprisez pas ; il a été peint par Érasme quand il était religieux en ce monastère. »

[1] — Burigni. — Knight. — Maller. — *Vie d'Erasme.*

Tout a disparu, le monastère, la bibliothèque et les tableaux ; il n'est resté que le nom d'Érasme et quelques souvenirs[1]. Plus d'un érudit a voulu révoquer en doute le talent d'Érasme pour la peinture ; nous ne pouvons rien affirmer ; nous nous contentons de reproduire les témoignages des contemporains. Selon Lucas de Heere et Van Mander, « le mérite des tableaux d'Érasme est attesté par les artistes de son temps. »

Au temps où Érasme peignait, l'art avait pris profondément racine dans toute la Hollande. Lucas de Leyde et Jean Schooreel allaient apprendre leur gloire à l'Allemagne et à l'Italie. Ce pays déshérité du ciel, qui n'avait eu pour enfants que des matelots courant le monde, venait de trouver une sublime protestation à ses éternels brouillards. Les Hollandais n'avaient pu vivre dans leur pays ; le génie et les œuvres de quelques-uns de leurs frères allaient les attacher pour jamais à cette grasse prairie qui jusque-là n'avait eu pour

---

[1] A Vienne, dans la collection de l'archiduc Charles, un moine debout tenant à deux mains un livre fermé, est attribué à Érasme. *Racolta di Disegni. Sc. Fiaminga.*

eux ni saveur ni poésie. Le soleil se cachait toujours ; mais, comme Prométhée, ils allaient dérober le feu du ciel.

III.

L'ART NATIONAL.

HANS HEMLING. — LUCAS DE LEYDE. QUENTIN METSYS.

I.

Ce n'est pas le hasard qui rapproche ici sur la même ligne ces trois noms glorieux, honneur suprême de la Flandre et de la Hollande avec Rubens, Van Dyck et Rembrandt. Hemling, Lucas de Leyde et Metsys ont élevé l'art national, dès l'origine, aux hauteurs inespérées par la seule force de leur génie.

Pendant que le naturalisme menaçait d'envahir,

à sa naissance, l'art en Flandre et en Hollande, un homme de génie, Hans Hemling, vint protester par un culte fervent pour l'expression, par un profond sentiment de l'idéal. Quel était son maître? Dans quel poétique et sublime atelier avait-il appris la science du style et du sentiment? Était-il le dernier et le plus intelligent disciple des maîtres de Cologne, ou bien avait-il, dans ses voyages en Italie, saisi les inspirations de Verrocchio et de Pérugin? On ignore comment il devint un homme de génie. Savait-il lui-même qu'il était un grand peintre inspiré! On s'inquiéta si peu de son génie pendant longtemps[1], qu'aujourd'hui on ne sait où

[1] Carle Van Mander et les autres historiens de l'art flamand ne s'arrêtent qu'à peine à ce grand artiste, qui n'est pour eux qu'un peintre de plus. Descamps se contente d'indiquer que Hemling « s'enrôla par libertinage et que, se voyant réduit à la dernière misère dans l'hôpital de Saint-Jean de Bruges, il ouvrit les yeux sur son inconduite. » Quelques contemporains ont reconnu avec enthousiasme le génie de Hemling. « Maître pieux, en remuant au fond de mon cœur les secrets de tristesse qui nous viennent de Dieu et qui nous rappellent à lui, c'est vous qui, le premier, m'avez fait sentir et comprendre l'art? Étoile mélancolique de ma jeunesse, c'est vous qui m'avez conduit dans mes voyages et dans mes études! Après avoir connu la douleur, il faudrait savoir se résigner au repos, pour se conformer à l'idéal que vous avez réalisé dans vos figures souffrantes et calmes, ami secourable que je me suis fait dans l'éternité. » — HIPPOLYTE FORTOUL. — *L'Art en Allemagne.*

saluer son berceau. L'Allemagne et la Flandre se disputent l'honneur d'être sa mère-patrie. Les Allemands le font naître à Cologne, les Flamands lui assignent Dames, aux environs de Bruges, pour pays natal. Ce qui est hors de doute, c'est qu'en 1478 un soldat blessé, qui avait couru le monde et les aventures, vint demander un refuge à l'hôpital de Saint-Jean, à Bruges. Quoiqu'à peine âgé de trente-trois ans, comme il avait traversé une jeunesse orageuse, il était si abattu et si ravagé par le chagrin, que les sœurs de l'hospice voulurent toutes le secourir et le veiller. Le soldat blessé, c'était un grand artiste inconnu, comme presque tous l'étaient au xv° siècle. Il s'appelait Hans Hemling, du moins c'est le nom qui demeure attaché à son œuvre [1]. Il était venu à l'hôpital en demandant un lit pour mourir; autour de ce lit il trouva une si exquise charité, qu'il reprit du cœur à la vie. Selon les légendes, lui qui avait jusque-là aimé des filles de cabaret et de corps de garde, il s'éprit d'une chaste, austère et divine passion pour une des jeunes religieuses qu'il avait vues prier au

---

[1] On lit sur la bordure de *l'Adoration des Mages*, à l'hôpital de Saint-Jean de Bruges : « *Opus Johannis Hemling* , M,CCCC,LXXIX. »

pied de son lit. L'homme de talent, car sans doute il avait appris à peindre dès sa jeunesse, devint un homme de génie; le cœur guida la main, le sentiment rayonna sur la palette.

Quand il eut la force de reprendre son pinceau, il peignit avec une ferveur ardente quelques sujets religieux pour l'hôpital où il avait retrouvé la vie, où il avait, on peut le dire, retrouvé son cœur. La tradition dit qu'il paya ainsi, en monnaie d'artiste, la touchante sollicitude des sœurs de Saint-Jean. Sans doute, il vécut quelques années encore; cependant on n'a plus de date certaine après 1480, peut-être 1485. Son tombeau est perdu comme son berceau; il a passé sur la terre comme un doux rayon, sans laisser d'autres traces que les fleurs de génie écloses sur sa palette. Mais qu'importe l'église où reposent ses os, puisque nous pouvons l'aimer éternellement dans ses chefs-d'œuvre? Il a d'ailleurs laissé son portrait dans *l'Adoration des Mages* : c'est un malade de l'hospice, penché à une lucarne derrière le roi nègre, on le reconnaît à sa robe. Il porte une petite barbe et une épaisse chevelure. Cette tête vous frappe par sa douceur mélancolique et sa naïve intelligence. On peut y découvrir l'histoire d'une vie trop agitée. En étudiant l'œuvre de Hemling, on peut aussi pénétrer dans sa vie; il s'est peint quelquefois avec la barrette rouge et la longue robe des Florentins. Ses paysages représentent ou rappellent les bords du Rhin, où la nature a tant de style pittoresque; il est donc permis de croire qu'il étudia tour à tour les maîtres de Cologne et les maîtres d'Italie. Le hasard, sans doute, l'a conduit à Bruges; peut-être a-t-il voulu lutter, par la noblesse et l'élévation de la peinture ogivale, contre le génie des Van Eyck, qui étaient venus régner dans son pays et y répandre les premières sources du naturalisme. On est d'autant plus fondé à le croire, qu'il a toujours dédaigné l'invention de la peinture à l'huile. Ce qui reste de lui, peint à l'eau d'œuf, n'en conserve pas moins une admirable fraîcheur. C'est l'aube matinale en avril, la rose épanouie dont le soleil boit la chaste rosée.

Selon Van Mander et Houbraeken, Hemling possédait peut-être son talent, mais n'était qu'un pauvre soldat et non un glorieux artiste, quand il alla frapper aux portes de l'hôpital. Dès qu'on le vit à l'œuvre, on reconnut un grand peintre. « On

publia cette découverte; on obtint son congé. »
En ces derniers temps, on a beaucoup écrit sur
Hemling, on a longuement disserté sur son œuvre,
mais on n'a pu rien dire de certain sur sa vie.
J'aime à me représenter un enfant né pauvre, insouciant, vagabond. Comme Dieu l'a doué d'une
étincelle de poésie, il ne peut se plier comme les
autres aux habitudes de la vie matérielle. Il ne
prend point racine dans son pays; il court le
monde, à la recherche d'une étoile qui rayonne
pour lui. Dans son enfance, il a entendu vanter
le talent des frères Van Eyck; le hasard l'a conduit à Cologne; et, à la pensée des frères Van
Eyck, au spectacle des tableaux de Wilhelm, il a
poussé le cri révélateur du Corrége. Sans doute,
à Cologne, à la source même du génie allemand,
il a trouvé un peu de place et un peu de pain
dans un atelier. La guerre l'a surpris le pinceau
à la main. Cœur ardent, esprit généreux, il a
déposé son pinceau pour prendre le mousquet;
il a offert sa vie à son pays. Dans le rude métier
des armes, il a oublié peu à peu qu'il était né
peintre; il a vécu comme ses camarades de camp,
peut-être comme autrefois ses camarades d'ate-

lier; il a jeté son cœur à toutes les folles et dévorantes passions, jusqu'au jour où, fatigué de tout, même de la vie, il est allé demander à l'hôpital de Bruges un lit pour mourir. Mais, à peine à l'abri du passé dans ce refuge chrétien, il s'est senti renaître, comme dans une atmosphère douce, sereine et pieuse. Il a voulu vivre, vivre encore, mais désormais de la vie contemplative des âmes poétiques. A ces lèvres dévorées par les mauvaises passions il manquait la goutte d'eau vive du sentiment divin. Dans l'hôpital, un Christ en bois grossièrement sculpté veille sur les malades et les aguerrit dans leurs souffrances, en leur ouvrant par son regard les perspectives d'azur. Hemling est touché par la sublime résignation de celui qui fut couronné d'épines; un nuage épais se déchire à son horizon et lui laisse entrevoir les joies bénies du ciel. Ce n'est pas tout : parmi les sœurs de l'hospice que la charité chrétienne attire au lit des malades, il en est une plus tendrement dévouée que les autres; quand Hemling souffre, elle ne dort pas et lève au ciel ses grands yeux, doux comme la pervenche. Le peintre est frappé de cette angélique figure, qui semble détachée comme par un miracle des fonds d'or du maître de Cologne. Hemling ne sait plus s'il doit adorer Dieu dans l'image du Christ ou dans celle de la religieuse. Dès qu'il a repris un peu de force, il demande des crayons, une palette, des pinceaux ; et le secret qu'il a si longtemps cherché, le secret de rendre visible la majesté de Dieu et la beauté idéale de l'homme, il le découvre comme par une soudaine révélation.

Il y eut, dans cette régénérescence d'Hemling, quelques apparences de miracle, du moins pour les religieux et les religieuses de l'hospice. Les tableaux qu'il y a peints y sont encore, malgré les royales tentatives pour échanger ces chefs-d'œuvre contre de l'or ou des priviléges. L'hospice garde fièrement et saintement ce que lui a donné l'humble soldat blessé, comme il garderait la robe du Christ ou les cheveux de Madeleine. Pour l'hôpital de Saint-Jean, Hemling n'est pas seulement un grand peintre, c'est un saint personnage, doué en son temps de l'esprit de Dieu. L'hôpital de Saint-Jean, à Bruges, est donc un musée pour les voyageurs; c'est là qu'il faut pénétrer le profond sentiment du soldat-artiste.

Un temple en miniature, une petite chapelle gothique de deux pieds de haut, renfermant autrefois les reliques de sainte Ursule, œuvre curieuse d'orfévrerie, ciselée et peinte, attire surtout les admirateurs de Hemling. Sur l'une des façades le peintre a représenté, dans des cadres d'or artistement découpés, une Vierge entre deux religieuses qui l'adorent. Sur l'autre façade, sainte Ursule, armée de la flèche mortelle, abrite des jeunes filles sous son manteau. La légende du martyre de sainte Ursule est écrite par tout le petit monument. Là c'est Dieu le Père et Dieu le Fils qui couronnent la sainte, ici ce sont des anges qui jouent de la mandoline et du violon. Enfin c'est toute l'histoire des vierges de Cologne, leur voyage à Rome, leur retour et leur martyre. Quel poëme grandiose dans son exiguité matérielle! le génie est toujours grand, même emprisonné; sa couronne de feu dévore les barrières. Ce n'est pas une œuvre de patience, comme les Flamands en ont trop produit; c'est un travail délicat mais hardi, la vigueur palpite sous la grâce. Michel-Ange eût admiré la manière large de cette miniature impossible.

Le Mariage mystique de sainte Catherine est une grande composition d'une touche aussi délicate, mais d'un aspect plus majestueux. Le panneau central de ce triptyque représente une Madone assise sous un dais; un ange tient un livre dont elle tourne les feuillets, un autre joue d'un petit orgue. Sur le devant, la sainte agenouillée reçoit l'anneau nuptial des mains du Bambino. Les peintures latérales sont la décollation devant Hérodiade et les visions apocalyptiques de saint Jean. Les volets extérieurs offrent à la vue deux religieux et deux religieuses de l'hôpital, saint Jacques et saint Antoine, sainte Agnès et sainte Claire. Les deux religieux étaient les amis d'Hemling; mais de ces deux femmes quelle était celle qu'il aimait?

Il y a d'autres peintures de ce maître à l'hôpital de Saint-Jean, une *Adoration des Mages*, diptyque merveilleux d'une perfection indicible, où l'on ne reconnaît plus la main d'un homme [1]; une *Des-*

---

[1] L'inscription suivante se trouve à l'intérieur et au bas de la bordure :
DIT · WERCK · DEDE · MAKEN · BROEDER · IAN · FLOREINS · ALIAS · VANDER · RIIST · BROEDER · PROFFES · VANDE · HOSPITALE · VAN · SINT. IANS · IN · BRVGGHE · ANNO · MCCCCLXXIX.
OPVS · IOHANIS · HEMLING.

cente de croix, figurines admirables, d'une expression humaine et céleste; une *Sybille* en haut bonnet, vêtue à la flamande; enfin un diptyque, portrait de Martin de Wewenhoven en adoration devant la Madone. Nous n'étudierons pas tous les tableaux d'Hemling que le hasard et la guerre ont dispersés en Europe [1], mais surtout en Flandre et en Allemagne. A la Pinacothèque de Munich, parmi les neuf compositions de ce maître, il faut citer sa célèbre tête du Christ, « qui passe pour être l'image véridique et traditionnelle du fils de Marie. Touchée avec une finesse extraordinaire, elle a le don de s'animer sous le regard et de jeter une mystérieuse clarté qui vous force bientôt à baisser la paupière. Johanna Schopenhauer prouve lon-

---

[1] Une des plus admirables compositions d'Hemling est à Douai chez un fervent amateur de l'ancienne école flamande, M. le docteur Escalier. Ce morceau se compose d'un panneau central et de quatre volets doubles. Le panneau central représente la Trinité : sur un trône d'or, au milieu d'un splendide palais où s'agenouillent des groupes d'anges, on peut admirer le naïf et sublime style d'Hemling dans les trois divins personnages. Sur les côtés, le peintre a réuni merveilleusement toute l'histoire de la religion chrétienne par des symboles et des légendes.

Le musée du Louvre possède une petite *Instruction pastorale* où l'on retrouve beaucoup de la délicate et ravissante manière de ce maître.

guement que cette figure ressemble au portrait tracé par la lettre apocryphe du consul Lentulus[1]. »

Hemling était un savant artiste, d'un esprit cultivé. Les formes symboliques lui étaient devenues familières ; original dans ses compositions, il ne déparait cependant jamais ses tableaux par un effet bizarre, tant son style, quel que fût le sujet, conservait de grandeur sereine. En s'élevant plus haut que lui par la grâce, Corrège a-t-il atteint à la suavité d'Hemling ? Si on voulait le peindre en un mot, il faudrait dire qu'il fut naïvement sublime.

La muse d'Hemling c'est une vierge attristée, pâlie par les combats de l'âme, frêle et inclinée comme le roseau. Sa vie est toute idéale ; elle a le pied sur la rive, mais son âme vogue sur les mers inconnues. Cette figure, d'un si pur ovale, aux teintes si délicates, dit assez que la terre n'est pas sa patrie ; sa bouche est entr'ouverte comme pour chanter l'hymne des anges, ses yeux sont limpides comme la rosée sur la pervenche. »
Les vierges de Raphaël n'ont pas la même dou-

---

[1] *École Flamande.* — H. FORTOUL. —

ceur ni la même naïveté que celles d'Hemling. Tantôt la fine chevelure de ces saintes femmes s'épand en nappes d'or autour de leur cou; plus souvent encore elle disparaît sous les plis d'une étoffe légère ou sous des réseaux de gaze, qui s'ajustent à leur tête et dérobent, en retombant, leurs épaules dont ils dessinent à peine les chastes contours. Rien ne peut se comparer à l'angélique décence de ces jeunes chrétiennes; ce sont comme de célestes fleurs, écloses dans les solitudes terrestres au soleil de la méditation et de la prière. Un pinceau profane eût difficilement créé des vierges d'une essence aussi parfaite; jamais, au reste, il n'eût agi avec tant de délicate précaution, et voilé ces mystérieux trésors, qu'eût caressés le regard du vulgaire : mais le peintre de Bruges, pieux, rêveur, spiritualiste, a dédaigné ces moyens de facile séduction; anachorète de l'art, il a rejeté toute parure mondaine; il a cherché enfin à ne pas éveiller l'ombre d'un impur désir, mais bien les sentiments les plus nobles et les plus sacrés de l'âme humaine [1]. » Hemling est

---

[1] — CHARLES HEN. — *Les Belges illustres.*

le vrai peintre des chrétiens austères qui ne font de leur vie humaine que la préface de leur vie immortelle. Raphaël est un païen qui ne voit que des Fornarine même au delà du tombeau.

II.

Lucas Dammesz, ou plutôt Lucas de Leyde, naquit en cette ville vers la fin de mai 1494. Si on peut admettre les miracles de la nature, il faut dire qu'un des plus beaux, le miracle de l'intelligence, s'opéra dans Lucas de Leyde. Selon Van Mander, Vasari, Descamps; selon le témoignage de tous les contemporains, Cornille Engelhrechtsen, Albert Dürer, Jean Shooreel, « à peine était-il né, que Lucas de Leyde prit des mains de son père le pinceau et le burin [1]. » Son père, Hugues Jacobs, était un bon peintre sans génie, qui chercha à développer les merveilleuses aptitudes de cet enfant sublime. Sa mère, dont il a reproduit la douce et calme figure parmi les saintes femmes

---

[1] « On prétend qu'il apprit à graver chez un armurier qui faisait mordre à l'eau-forte des ornements sur des cuirasses; on ajoute qu'il se perfectionna depuis chez un orfèvre. » DESCAMPS.

de ses panneaux et de ses estampes, cherchait au contraire à le détourner de l'étude opiniâtre où il se complaisait, disant que ces enfants si merveilleusement doués, Dieu les retire toujours à leur mère. C'était tous les soirs un combat entre elle et son fils : il ne voulait pas dormir, elle ne voulait pas qu'il étudiât après le soleil couché. Le combat durait souvent jusqu'à minuit ; elle finissait toujours par le prendre sur son sein comme un véritable enfant, elle lui arrachait doucement des mains le crayon ou la pointe, elle le berçait en priant Dieu : adorable tableau que Lucas de Leyde n'aurait pas dû oublier dans son œuvre. Que j'aime à passer une heure devant ce tableau idéal, digne de la Bible ou de l'Odyssée, dans ce doux et suave intérieur où l'on voit poindre le génie entre un bon vieux peintre hollandais amoureux de son art bien plus que de sa renommée, comme cela se voyait alors, entre une mère heureuse et craintive, qui sourit et pâlit tour à tour, dont l'orgueil s'affaisse sous les tristes pressentiments ! Pour achever cet intérieur, répandez-y quelques enfants qui jouent en silence, un pâle rayon de soleil ou le reflet d'une lampe de fer, des panneaux ébauchés, des estampes et des livres, enfin tout ce qui formait la vie des artistes hollandais des xve et xvie siècles.

On peut dire que Lucas de Leyde passa du berceau à la jeunesse sans traverser l'enfance ; il n'eut de camarades d'école que ceux qui l'écoutaient prêcher l'amour de l'art et de la gloire, ou qui le suivaient à travers les rues et les prairies pour le voir étudier d'après nature. Ce qu'il y a de plus étrange, c'est que tous les genres lui étaient familiers ; à dix ans, il était arrivé à la conquête de l'art dans son universalité. Il peignait sur verre, en détrempe et à l'huile ; il saisissait aussi bien le caractère et la précision d'une figure que les lignes aériennes d'un paysage. Il n'avait pas douze ans quand tous les peintres de Leyde vinrent presque solennellement le saluer, sur la nouvelle qu'il avait peint avec le génie de l'invention et de la couleur, sinon du style, l'*Histoire de saint Hubert*[1]. A treize ans, Lucas de Leyde n'était pas seulement un artiste

---

[1] Il avait peint ce tableau pour un bourgeois de la ville, maître Lochorst, « qui lui donna autant de pièces d'or qu'il avait d'années. » Ceci prouve que les plus généreux ne payaient pas à très haut prix les œuvres d'art au xvie siècle.

distingué, mais un savant artiste qui comprenait la mission du génie. Il traduisait sur le cuivre avec passion les plus belles pages de l'Écriture. A quatorze ans, il grava un *Mahomet ivre égorgeant un religieux*[1]; peu-après, il grava en rond neuf des plus beaux sujets de la Passion, qu'il composa avec une grande intelligence. On admira beaucoup sa *Tentation de saint Antoine*, qui est du même temps : le démon apparaît au saint sous la figure d'une belle femme. Il révéla son goût pour les ajustements et les coiffures dans une *Conversion de saint Paul*; il révéla son génie à rendre l'expression dans un *Ecce Homo* où l'on distingue une multitude de figures : les attitudes sont d'une variété infinie, les ajustements ont beaucoup de style, les draperies sont admirablement jetées. Il faut citer encore un *Adam et Ève chassés du Paradis*, mais surtout un paysan et une paysanne dans une prairie auprès de trois vaches : le réalisme hollandais, qui éclata un siècle après dans toute sa puissance, commence déjà à poindre dans cette belle gravure. Lucas de Leyde luttait noblement, par le burin,

---

[1] Cette estampe est datée de 1508.

avec un autre grand artiste qui devint son ami, Albert Dürer. Selon Vasari, « Lucas de Leyde a surpassé Albert Dürer dans la composition; il avait plus que lui approfondi les règles de l'art. A peine la peinture pourrait-elle, par ses tons de couleur, faire plus valoir la perspective aérienne; les peintres y ont puisé les plus sûrs principes. » Il faut dire à la louange de ces deux grands maîtres qu'ils s'aimèrent sans trop de jalousie; l'un fier de régner en Allemagne, l'autre ne voulant être que le premier artiste de la Hollande. Albert Dürer alla voir et embrasser Lucas à Leyde. C'étaient plus que des amis, c'étaient des frères. Ils se peignirent sur le même panneau, pour transmettre aux siècles à venir leur génie et leur amitié.

Voici le passage des curieux mémoires du peintre de Nuremberg où il est parlé de Lucas de Leyde : « Moi, le pauvre Albert Dürer, je suis parti de Nuremberg à mes frais et dépens, pour me rendre dans les Pays-Bas avec ma femme. Nous avons passé la nuit dans un village de Bavière, où nous avons dépensé trois pièces (*drey batzen*), moins six deniers. De là nous allâmes à Anvers, où nous descendîmes à l'auberge de Job Plankfeld; et, le soir même de notre arrivée, le digne Ailezen Bernhardt Stecher nous invita à souper. Le souper était, ma foi, très bon. Ma femme n'y vint pas. Je comptai au voiturier trois florins d'or. Maître Lucas, le graveur sur cuivre, m'a invité; c'est un petit homme, né à Leyde, en Hollande; il était à Anvers. J'ai mangé avec maître Bernhardt Stecher. J'ai donné 1 st. et demi au messager; j'ai reçu 4 fl. 10 orth. pour de l'art. J'ai fait le portrait au crayon de maître Lucas de Leyde. [1] »

D'abord, on le voit, Albert ne fut pas très enthousiaste devant Lucas; mais peu à peu il reconnaît que le maître de Leyde était son frère par le génie.

---

[1] M. Jules Janin, le premier, a donné dans son curieux travail sur Albert Dürer des fragments des mémoires du peintre de Nuremberg.
Reproduisons encore quelques lignes des mémoires d'Albert Dürer touchant les peintres primitifs des Pays-Bas : « J'ai changé 1 fl. p. d. J'ai donné au maître Art, peintre sur verre, une vie de Notre-Dame, et au maître Jehan, sculpteur français, une impression entière. Il a donné à ma femme six flacons avec de l'eau de rose, qui sont précieusement faits. *Item.* J'ai donné 7 stubers pour un plumeau de stuibig. J'ai échangé un fl. pour nourriture. J'ai donné 7 st. pour une poche découpée. Cornélius le secrétaire m'a donné la prison de *Babylone*; je lui ai donné en échange mes trois grands livres. *Item.* J'ai fait cadeau d'un florin d'objets d'art au moine Peter Putz. *Item.* J'ai donné à

Lucas de Leyde se maria jeune, mais déjà glorieux et déjà riche par ses œuvres. Il épousa une

Hœnigen, peintre sur verre, deux grands livres. J'ai donné 4 stubers pour un *calacut* rayé. *Item.* J'ai changé un fl. de Ph. *Item.* J'ai donné 8 fl. d'objets d'art pour une impression entière des gravures de Lucas. J'ai vu beaucoup de bonnes choses de Johannes (Eyck). J'ai demandé à la dame le petit livre du maître Jacob (Jacob Cornelisz), mais elle m'a répondu qu'elle l'avait promis à son peintre, Bernhardt Van Orley. J'y ai vu encore d'autres choses rares et une précieuse bibliothèque. Maître Hans Popenreuter m'a invité à être son hôte. J'ai invité deux fois maître Conrad à dîner, et une fois sa femme. Depensé 27 st. et 2 stubers pour voiture. J'ai aussi fait le portrait de Steffan Kemmerleng et de maître Conrad Schnitzer. Samedi, je suis retourné de Malines à Anvers. *Item* Mon coffre est parti le samedi, après *corpus Christi*. J'ai changé 1 fl. pour dépense, donné 3 stubers au messager. J'ai mangé deux fois chez les augustins. *Item.* J'ai fait le portrait, avec le charbon, de maître Jacob, et j'y ai fait mettre un petit cadre qui coûte 6 stubers, dont je lui ai fait cadeau. J'ai fait le portrait de Bernhardt Stecher et de sa femme, et je lui ai donné une impression entière. J'ai, une autre fois, fait le portrait de sa femme, et j'ai donné 6 stubers pour un cadre. Le dimanche après la Saint-Barthélemy, j'ai été conduit par MM. Antorff et Romains à Malines. Le maître Ronsard et un peintre dont j'ai oublié le nom m'ont invité à souper. Ce maître Ronsard est le fameux sculpteur qui est au service de madame Marguerite, fille de Maximilien. En sortant de Malines, nous traversâmes une petite ville dont le nom m'échappe, et nous arrivâmes le lundi à Bruxelles, vers midi. J'ai vu à Bruxelles, chez le conseiller, quatre belles peintures du grand maître Rudiger. J'ai vu aussi les deux cadeaux apportés du Mexique au roi. C'est un soleil d'or large d'une toise d'une part, et de l'autre une lune d'argent, égale en grosseur au soleil, et, par-dessus le marché, toutes sortes de vaisselles, de harnais, d'ameublements

demoiselle de la maison de Boshysen, qui lui donna une fille. La mère et la fille furent sa joie

étrangers, de plats d'or et de vermeil si splendides, qu'on en trouverait difficilement de semblables. Tout cela est si précieux, qu'on l'estime 100,000 livres d'or. Je n'ai jamais rien vu de ma vie qui m'ait tant réjoui que cela, car j'ai admiré ces choses d'or si finement ouvragées, et je me suis étonné de l'habileté et du génie subtil des hommes des pays éloignés. Madame Marguerite m'a fait dire que j'avais en elle une protectrice auprès du roi Charles; elle s'est montrée toute dévouée à moi; je lui ai envoyé une belle épreuve de ma gravure de *la Passion*. Lorsque je suis allé à la chapelle de la maison de Nassau, j'ai vu l'admirable portrait qu'a fait le grand maître Hugo. Le maître Bernhardt, le peintre, m'a invité à dîner. Le repas était si magnifique, que je ne pense pas que Bernhardt en ait été quitte pour dix pièces d'or. A ce repas assistaient plusieurs notables que Bernhardt avait invités pour me tenir compagnie, entre autres le trésorier de madame Marguerite, dont j'ai fait le portrait; le chambellan du roi, appelé Meteni; le trésorier de la ville, M. de Palsadis, auquel j'ai envoyé une épreuve de *la Passion* gravée sur cuivre, et qui, en échange, m'a fait remettre une escabelle noire du goût espagnol qui vaut bien trois pièces d'or. J'ai envoyé aussi une épreuve de *la Passion* à Érasme de Rotterdam, secrétaire de Bonisius. Ensuite j'ai fait le portrait au charbon de maître Bernhardt, peintre de madame Marguerite, et j'ai fait encore une fois celui d'Érasme de Rotterdam. Mais six personnes dont j'ai fini les portraits à Bruxelles ne m'ont rien donné. Je suis allé ensuite à Aix-la-Chapelle; j'y ai vu le couronnement de l'empereur Charles-Quint. Le vendredi, je sortis d'Aix pour aller à Louvain; le samedi, j'étais à Cologne, où j'achetai pour cinq deniers d'argent un traité du docteur Luther, et je donnai un denier pour le livre intitulé *la Condamnation du saint homme Luther*. A Bruxelles, Aix et Cologne, j'avais ma libre entrée chez les seigneurs envoyés de Nuremberg, Léonard Groland, Hans

la plus douce. Grâce à leur beauté touchante et à leur tendre sollicitude, tous les purs sentiments embaumèrent sa maison.

Vasari se trompe en faisant voyager Lucas de Leyde en Italie ; il passa toute sa vie dans sa ville natale. Il ne la quitta que pour voyager en Flandre. En 1527, recherchant une noble distraction, il fit équiper à ses frais un navire pour aller voir à

Ebner et Nicolas Haller. A Cologne, je vis, le dimanche, les fêtes et les réjouissances, et j'assistai au banquet qui fut donné en l'honneur du couronnement. (Dans la suite Albert Dürer fit une gravure de cet événement.) Le lundi, je reçus des mains de l'empereur le diplôme de peintre de la cour.

« Le samedi après Pâques, nous partîmes pour Bruges avec Hans Lixben d'Ulm et San-Plos, fameux peintre né dans cette ville. Je vis dans la maison de l'empereur la chapelle peinte par Rudiger et les tableaux d'un ancien maître, vraisemblablement Hemling. Chez Jacob, je vis encore des tableaux de haut prix de Rudiger, de Hugo, d'autres grands maîtres ; je vis la statue de la Vierge en albâtre que Michel-Ange a faite, ainsi que les tableaux de Jean (Van Eyck) et d'autres peintres. On me donna encore un superbe banquet : les conseillers de la ville, Jacob et Pierre Mostans, me firent passer douze pintes de vin, et la compagnie, qui se composait de soixante personnes, m'accompagna chez moi après le repas. De là j'allai à Gand : le doyen des peintres et les notables me reçurent avec enthousiasme et me firent souper avec eux. Le mercredi, de bonne heure, ils me conduisirent tous à la haute tour de Saint-Jean. J'y vis le fameux tableau de Jean Van Eyck, si beau, si merveilleusement beau, que cela n'a pas de prix ; surtout la Vierge Marie et le Père Éternel sont d'une expression admirable. »

Midelbourg Jean de Mabuse le grand et aventureux artiste. Après avoir donné une fête brillante aux peintres de cette ville, il alla, accompagné de Mabuse, à Anvers, à Gand et à Malines, visiter les peintres flamands dans le faste d'un souverain étranger. Il donna partout des fêtes dont l'histoire a conservé le souvenir. « Chaque repas lui coûtait soixante florins. Il fit toujours bonne figure. Mabuse était habillé en drap d'or, et Lucas de Leyde (il n'avait pas de dettes) avec un camelot de soie jaune du même éclat. »

Ce voyage fastueux fut le dernier plaisir de ce grand peintre; il retourna malade à Leyde, où il vécut encore six années, mais, pour ainsi dire, dans la préface de la mort, car il n'eut plus une heure de santé; ce fut à peine s'il descendit vingt fois dans sa maison pour aller respirer au soleil. Il demeurait des semaines entières dans son lit, effrayé de la mort, qui venait lentement, mais qui venait toujours, cherchant à s'aveugler sur sa fin prochaine par un travail opiniâtre. Il ne cessa de peindre et de graver qu'à son dernier jour. Jamais un homme ne sentit avec plus de regrets, avec plus de colère, fuir le rivage de la vie. Son caractère, empreint de rêverie et de douceur, devenait chagrin et méchant; il accusait tout le monde de sa mort, surtout les peintres flamands[1] qu'il avait visités avec Jean de Mabuse : « Les jaloux m'ont empoisonné[2]. » Les esprits sérieux n'ont jamais ajouté foi à ces accusations d'un esprit malade; il mourait non pas empoisonné par ses admirateurs, mais épuisé par le travail, tué par le génie, qui, à huit ans, ne lui avait pas laissé le loisir d'aspirer toute la sève que Dieu donne aux enfants joueurs.

Neuf jours avant sa mort, sa fille accoucha d'un fils. L'illustre malade demanda quel était le nom de cet enfant. Quand on lui dit qu'il s'appelait Lucas de Leyde comme son aïeul : « Allons, allons, murmura-t-il avec regret, on ne cherche qu'à se débarrasser de moi, puisqu'on m'a substitué un autre Lucas. » Cependant, avant l'heure suprême, il se réconcilia avec tout le monde, il retrouva sa poésie et sa sérénité. Voyant un rayon

---

[1] « Ce voyage, qui devait lui servir de délassement, lui coûta la vie; le public et lui-même accusèrent les peintres jaloux de sa gloire de l'avoir empoisonné. » VAN MANDER.

[2] *Histoire du pays de Leyde.* Notes sur la maison de Boshuysen.

de soleil jouer sur les vitres de sa fenêtre, il demanda avec instance à voir le ciel; « il se fit transporter sous les arbres de son jardin. »

La Bible était familière à Lucas de Leyde, il ne l'ouvrait qu'avec respect; il en a exprimé la plus robuste poésie. L'Évangile aussi était son livre sacré, la source vive de son inspiration : aussi a-t-il répandu dans ses œuvres un sentiment religieusement humain. Il y a dans ses tableaux et dans ses gravures, un souffle de vie venu du ciel après avoir traversé le paradis terrestre, le pays de Jacob et Jérusalem. Les plus admirés parmi ses tableaux étaient un *Adam et Ève*, un *Jéricho*, un *Jugement dernier*, un *Veau d'or*, une *Rébecca*, des *Descentes de croix*. Il avait réuni dans ses Vierges tout ce qu'il avait vu d'amour naïf dans les yeux de sa mère, de sa femme et de sa fille. Sa touche était vive et légère, quoique très étudiée, son dessin net et ferme comme celui d'un graveur. Il peignait le nu en homme qui a sérieusement étudié la nature. Ses femmes sont d'une grande délicatesse de pinceau et d'une remarquable fraîcheur de coloris. Comme les peintres de son temps, comme l'harmonieux Hemling lui-même, il ignorait l'art de fondre les figures avec les fonds; ses carnations, toutes belles qu'elles soient, tranchent trop vivement, surtout du côté de la lumière. Mais faut-il descendre à de tels détails en étudiant un homme de génie?

Si Lucas de Leyde a emprunté aux Eyck leur couleur empourprée, il a su lui donner un aspect nouveau par la douceur idéale des nuances. Il doit aux Van Eyck l'opulence de ses ornements; mais il se détache de l'école de Bruges, tout en demeurant fidèle à sa naïveté suave, par la finesse des contours, par une grâce attrayante, par une volupté de touche digne de l'antique. Avait-il deviné l'antique ou l'avait-il étudié dans les livres [1]? On pourrait répondre oui et non : oui, puisqu'il vivait à Leyde, la ville des érudits; non, puisque le génie lui vint comme par une grâce divine. Celui qui savait peindre à dix ans ne devait-il pas deviner à vingt ans le caractère de l'art qui avait séduit Praxitèle et Zeuxis?

Lucas de Leyde s'est plusieurs fois peint et gravé

---

[1] « La gravure apprit au maître hollandais ce que la sculpture avait enseigné au maître florentin. Albert Dürer put aussi contribuer un peu à lui dévoiler l'antiquité. » H. FORTOUL.

lui-même. Le portrait le plus connu le représente
à mi-corps, sans barbe, un bonnet sur la tête,
comme Hubert Van Eyck, avec des espèces d'aile-
rons. Il tient sur sa poitrine une tête de mort qui
contraste singulièrement avec son grand air de
jeunesse. Lucas de Leyde était un philosophe qui
voyait la mort dans la vie et qui voulait immortaliser sa pensée par un symbole. Ou peut-être
pressentait-il que la mort viendrait à sa rencontre
en la saison des blés quand la grappe altière écarte
déjà la feuille pour rire au soleil, au lieu de l'attendre sur l'âpre chemin aux premiers givres de
novembre?

III.

Le chancelier d'Angleterre Thomas Morus
adressa une épître en vers latins à Quentin Metsys, le forgeron d'Anvers, le premier peintre de
génie qui fut salué dans cette ville [1]. Metsys naquit

---

[1] Dans le seizième siècle, les Anversois héritèrent du commerce
que les Flamands avaient perdu par leur turbulence; et sous
Charles V, leur ville était la plus animée et la plus brillante de

vers 1450; jusqu'à vingt ans il exerça le sain et robuste métier de forgeron; il était né pauvre;

la chrétienté. La large embouchure de l'Escaut, dans laquelle le flux et le reflux ont lieu comme dans la mer même, et qui porte les plus lourds vaisseaux jusque sous les murs d'Anvers, faisait de ce port le rendez-vous naturel de toute la navigation. Ses foires libres attiraient les négociants de tous les pays. Au commencement du seizième siècle, l'industrie des Anversois était parvenue au plus haut degré. En peu de temps l'on vit les produits de l'ingénieuse activité de la Flandre et du Brabant passer jusque dans l'Arabie, la Perse et les Indes. Leurs vaisseaux qui couvraient l'Océan, disputaient dans la mer Noire la souveraineté aux Génois.

La renommée de cette ville remplit bientôt le monde entier. Sur la fin du siècle, une société de négociants turcs demanda à s'y établir, pour y amener de la Grèce les produits de l'Orient. Le commerce du numéraire augmenta dans la même proportion que celui des marchandises. Les lettres de change des Anversois avaient cours sur tout le globe. On prétend que leur ville faisait alors, dans un mois, plus d'affaires, et des affaires plus importantes, que Venise n'en eût fait en deux ans dans le même temps de sa plus grande splendeur.

En 1491, la ligne anséatique tint à Anvers une assemblée générale et solennelle. En 1531, l'on bâtit une Bourse, qui, la plus magnifique de l'Europe, était peut-être la seule qui ne démentît point sa fastueuse inscription. Anvers, à cette époque, comptait cent mille habitants. La foule immense, dont les flots pressés s'y agitaient sans cesse, surpassé toute croyance. Deux cent cinquante mâts paraissaient souvent à la fois dans son port; cinq cents navires y entraient ou en sortaient journellement; pendant la tenue du marché, ce nombre s'élevait à près de neuf cents.

On se fera une juste idée des ressources de la nation, quand

FLAMANDE ET HOLLANDAISE. 159

son père, mort jeune, avait légué le fils à la mère et la mère au fils. La mère donna d'abord son lait, son travail et ses larmes, le fils voulut donner sa

on saura que l'on évalue à quarante millions en or les contributions extraordinaires qu'elle paya à Charles V, pour l'aider à subvenir aux frais des différentes guerres qu'il eut à soutenir.

Les Pays-Bas furent autant redevables de cette opulence prodigieuse à leur indépendance qu'à leur situation géographique. Une législation mal affermie et le despotisme d'un souverain avide eussent rendu inutiles toutes les faveurs dont la nature les avait comblés. L'inviolabilité seule des lois peut assurer au citoyen les fruits de son industrie, et lui inspirer une heureuse confiance, âme de toute activité.

Le génie de cette nation, développé par l'esprit de commerce et par ses relations avec tant de peuples, brilla dans des inventions utiles; tous les arts y mûrirent au sein de l'aisance et de la liberté. De l'Italie, où Côme de Médicis venait naguère de faire renaître l'âge d'or, les Bataves transplantèrent chez eux la peinture, l'architecture et la sculpture, qui, dans un sol vierge, portèrent des fleurs nouvelles. L'école flamande disputa le prix à l'école italienne, et, d'un commun accord avec elle, donna des lois aux arts dans toute l'Europe. Faut-il passer sous silence les manufactures et les arts mécaniques, jadis source principale de richesse dans les Pays-Bas, et qui, de nos jours encore, soutiennent leur opulence?

La peinture à l'huile, celle sur verre, les montres de poche et les cadrans solaires, sont originairement des inventions des Bataves; on leur doit le perfectionnement du compas maritime, dont les points portent encore aujourd'hui des noms hollandais. En 1482, l'imprimerie fut inventée à Harlem, et le destin voulut qu'un siècle plus tard elle donnât la liberté au pays où elle avait pris naissance.

SCHILLER. — *Révolutions des Pays-Bas.*

force et son courage de chaque jour. Fier de sa mission, heureux de se reposer le soir à l'humble foyer de sa mère reconnaissante, il ne demandait à Dieu que la santé, cette poésie éclatante de l'ouvrier, quand il devint amoureux d'une jeune fille du voisinage dont la beauté fut comme une apparition de son génie. Il tenta de lui inspirer sa passion : « C'est mon plus cher espoir, mais mon père me destine à un peintre » Metsys ne comprit pas bien : « Un peintre, pourquoi ne serai-je pas peintre? » Déjà il était artiste en martelant le fer sur l'enclume retentissante : c'était au temps où il exécutait la fameuse cage du puits de la place Notre-Dame, où il entrelaça si heureusement des branches épanouies de feuilles et recouvertes de fruits, dont il surmonta la coupole du géant Druon, le tyran des navigateurs. Il avait commencé depuis quelques jours un dais d'autel pour Louvain ; c'était un royal cep de vigne habité par une multitude d'oiseaux [1].

Il était artiste sans le savoir, suivant ses ins-

Den Antwerpschen Proteus, ofte cyclopsen Apelles, door Van Fornenberg. *Anvers*, 1658.

tincts en aveugle, n'ayant point encore ouvert les yeux sur le monde immatériel qui ne rayonne que pour les âmes prédestinées. Son amour fit tomber le voile et lui montra la lumière : Je serai peintre, dit-il, je le veux, je le puis. Il se fit initier : un ami le présenta dans l'atelier de celui même qui devait épouser la jeune fille. Comme il avait de l'intelligence, celle que le cœur donne si vite, il étonna bientôt son maître, qui s'en alla partout vanter le génie du forgeron, même dans la maison de la jeune fille. Un an après, le maître était éconduit et le disciple épousait celle qui lui avait révélé son génie [1]. On a gravé sous un portrait de Metsys cette inscription :

CONNUBIALIS AMOR DE MULCIBRE FECIT APELLEM.

L'Amour, dit une poésie de Bion, a attaché à la ceinture de Vénus toutes les clefs d'or de l'intelligence humaine, c'est là qu'il les prend pour les

---

[1] « Cet échange du marteau contre le pinceau se raconte encore autrement. On rapporte qu'une procession anciennement établie pour les lépreux ou autres malades, dans laquelle on distribuait des images de confréries gravées en bois, lui donna lieu de connaître son talent. Il lui tomba entre les mains une de ces

ouvrir ou les fermer à son gré. On ferait un beau livre intitulé *les Métamorphoses de l'Amour*. A Naples, le Zingaro était chaudronnier : l'Amour métamorphosa en peintre le chaudronnier. Metsys fut heureux dans son talent et dans son amour. Il mourut à Anvers âgé de quatre-vingts ans, sans avoir quitté les Flandres, laissant un fils, Jean Metsys, qui a suivi sa manière avec une touche plus faible et une intelligence moins vaste.

Metsys peignit des sujets religieux, des portraits et des tableaux de genre; il s'est complu dans la répétition des peseurs d'or, il en a même abusé; dans ses tableaux de genre comme dans ses portraits, il se complaisait trop dans un fini froid et sec, indigne d'un tel artiste. Son naturalisme manque d'exubérance et de variété, mais ses sujets religieux se distinguent presque toujours par un sentiment élevé, par un culte fervent pour l'expression; ses madones et ses crucifiements ont les

---

images; qu'on lui conseilla de copier pour se désennuyer, ce qu'il fit avec tant d'ardeur et de dispositions, qu'il continua depuis et devint bon peintre. » — DESCAMPS. — Pourquoi ne pas croire sans commentaires la première version, qui est la plus poétique et même la plus vraie?

contours tendres et les formes ogivales des chefs-d'œuvre de l'art primitif. Quand Dieu ou l'esprit de Dieu doit rayonner sur un panneau, Metsys semble s'inspirer dans les espaces familiers aux maîtres de Cologne et à Hemling; mais quand c'est l'homme de la vie privée, quand c'est l'esprit humain qui doit s'animer sur le tableau, Metsys ne saisit plus que la vérité, sans même atteindre au caractère de la vérité, comme plus tard Rembrandt qui lui donnait une si mystérieuse et si sauvage poésie. Le fameux triptyque du musée d'Anvers, le chef-d'œuvre de Metsys, révèle je ne sais quel pressentiment de l'école italienne. Ce triptyque représente sur le volet droit *la tête de saint Jean-Baptiste offerte à Hérode;* sur le volet gauche *saint Jean dans l'huile bouillante;* sur le panneau central *la Mise au tombeau* : c'est un chef-d'œuvre où l'on retrouve à la fois le caractère des Van Eyck et d'Hemling. Le groupe de saint Jean soutenant la Vierge qui succombe à sa douleur, est plein de noblesse, de sentiment et d'énergie. On y voit passer l'âme plaintive de la mère de Dieu. Tout imprégné qu'il soit des principes de l'école de Bruges, Metsys est dominé çà et là par un pressentiment de l'école de Florence[1].

Metsys le forgeron eut le bonheur et la gloire d'arriver à la science de l'art par son seul instinct, sans la discipline d'un maître. Il a marché en avant sans guide, comptant sur sa bonne volonté, sur sa hardiesse, sur le hasard ; il reconnaissait bien çà et là l'empreinte du pas des Van Eyck, mais il ne craignait pas de s'égarer un peu sur les marges vertes. Chez les Van Eyck, et surtout chez

---

[1] « Quentin Metsys se rattache à l'école des Van Eyck par son naturalisme qui, dans tous ses *Peseurs d'or*, ne se donne déjà plus d'autre but que lui-même. Avant de tracer ces longues figures d'avares qui peuplent les galeries de l'Europe, il avait payé son tribut à l'art gothique. On trouve dans la chapelle de Saint-Maurice, à Nuremberg, une Trinité et un Crucifiement représentés par lui, avec tout l'appareil des formes ogivales et avec une couleur légère, rosée, transparente, qui n'a point d'analogue dans cette époque. Au musée de Berlin, on voit une belle et grande Madone, que le même artiste a peinte d'une couleur encore claire, et qu'il a déjà entourée d'ornements d'architecture où les fleurs gothiques se mêlent aux lignes de la Renaissance. Le vaste triptyque, qui est conservé au musée d'Anvers, réunit à la naïveté du style gothique, au brillant coloris de l'école de Bruges, une puissance d'expression, un goût d'arrangement, une science de mouvements qui semblent n'appartenir qu'aux œuvres de l'école italienne. Dans sa dernière manière, qui est la plus connue, Quentin Metsys se fit remarquer par une sécheresse due aux habitudes de son ancien métier et à ses affinités avec les écoles de l'Allemagne méridionale, instituées elles-mêmes par des ouvriers qui façonnaient les métaux. » H. Fortoul.

leurs disciples, la nature tient tant de place que les hommes s'y perdent presque; c'est un théâtre où le décor est plus visible que la scène. Chez Metsys l'homme reprend ses droits, la nature n'est plus qu'un cadre.

Quentin Metsys, bien qu'engagé avec résolution dans les voies robustes des Van Eyck, avait, un des premiers, ouvert les yeux vers cette douce lumière de l'idéal qu'Hemling avait été chercher au delà des monts, mais dans ses œuvres le rayonnement en est douteux encore; c'est bien plus un pressentiment qu'un sentiment; s'il se rapproche par plus d'un point du Ghirlandajo et des Florentins de la belle période, c'est moins parce qu'il les connaît, c'est moins parce qu'il les devine, que parce que ce rayon de l'art qui ceint d'une auréole tous les hommes prédestinés avait frappé du même coup l'artiste à Anvers comme l'artiste à Florence [1].

---

[1] L'imitation italienne se trahit déjà dans le vieux Van Conixloo. Même sur les tableaux à volets, il avait, avec une touche toute flamande, transporté le goût de l'école florentine-romaine, témoin *la Sainte Famille* de ce maître qui est aujourd'hui au musée de Bruxelles.

Hemling n'eut pas de disciples ; l'école des Van Eyck ne le reconnut pas. Le naturalisme avait séduit les yeux et étouffé les aspirations de l'âme. Qui sait si Hemling fut compris pour sa naïve et sublime majesté ? Mais pourtant, presque au début, ce naturalisme envahissant fut tempéré par le caractère florentin. Les Van Eyck avaient presque donné la couleur aux Italiens ; les Italiens allaient presque donner le style aux Flamands.

IV.

ALLIANCE DU CARACTÈRE FLAMAND AVEC LE STYLE ITALIEN.

I.

BERNARD VAN ORLEY. — MICHEL COCXIE.
JEAN DE MABUSE.

Les Van Eyck étaient dépassés dans leur foi naïve, dans leur candeur sublime, dans leur prescience, par les grands maîtres italiens qui venaient de déplacer la royauté de la peinture. Léonard de Vinci, Michel-Ange et Raphaël, la plus radieuse trinité qui ait jamais rayonné dans un même pays, étaient apparus comme le soleil des fleurs et des moissons à l'horizon nouveau, et tout d'un coup l'ombre s'était faite où la lumière avait d'abord brillé. Le trône éclatant des Van Eyck ne fut plus qu'un mausolée splendide où se répandirent peu à peu l'ombre et le froid de la mort. Les plus grandes renommées finissent toujours par une épitaphe. « Aussi bien le principe introduit par les deux illustres chefs de la peinture flamande avait fait son temps. Le sentiment candide et naïf avec lequel ces maîtres et quelques-uns d'entre leurs successeurs s'étaient appliqués à refléter dans leurs tableaux tout le monde visible, toute l'œuvre de la création, ce sentiment ne suffisait déjà plus à l'esprit du progrès. On s'étudia à affranchir de plus en plus l'homme de la nature qui l'environnait, à mettre davantage en relief l'individualité et le caractère de chaque personnage, à développer dans une harmonie plus vivante la figure humaine et l'organisme de sa forme [1]. »

Les artistes flamands, attirés vers l'Italie, comme un siècle plus tôt Antonello de Messine et quelques Italiens demeurés inconnus avaient été attirés en Flandre, comprenaient que l'Art, bien que gou-

[1] — André Van Hasselt. —

verné par une seule loi, la loi absolue du Beau et du Vrai, subissait dans sa destinée les mille transformations de Protée; au fond, c'est toujours le même dieu; mais l'aspect change à toute heure, c'est que chaque âge, chaque génération, chaque siècle y apportent leur vie faite du même feu, mais exhalant les mille flammes variées des passions.

Bernard Van Orley fut le vrai réformateur. Sentant le génie qui lui dévorait l'âme, voulant compter à son tour dans les Flandres des jours de royauté, il courut en Italie chercher des forces pour combattre les timides successeurs de Van Eyck; il était parti comme un aventurier, il revint comme un conquérant; il rapportait avec lui une conquête immortelle, la beauté idéale, la science du style; mais cette beauté idéale, cette science du style qui firent sa gloire à Bruxelles n'avaient pu la faire à Rome. C'est l'histoire d'Antonello de Messine, qui n'était à Bruges, dans l'atelier de Jean Van Eyck, qu'un coloriste secondaire, et qui, à son retour en Italie, fut admiré comme le Messie de la couleur.

Bernard Van Orley, né à Bruxelles, en 1471,

avait d'abord étudié dans la tradition des maîtres de Bruges quand il entra à l'atelier de Raphaël[1]. Il ne put se soumettre sans peine aux ineffables contours, au divin sentiment du peintre des madones ; la santé vigoureuse de son talent l'entraînait plutôt vers Michel-Ange. Comme le peintre de la chapelle Sixtine, il aimait les grandes pages fièrement exécutées[2] ; le pinceau de Raphaël lui semblait, dans sa grâce onctueuse, moins atteindre aux sublimités de l'Art que la force robuste de Michel-Ange. De retour à Bruxelles, il y vécut

[1] Il eut le bonheur d'être admis au nombre des élèves ou plutôt des amis de Raphaël, dont il gagna par une heureuse conformité de caractère l'estime et l'affection. Quelles révélations précieuses Van Orley aurait pu fournir sur la vie intime, sur la pensée de cet illustre génie dont il fut aussi le compagnon plus encore que le disciple. Il assista à la création de tous les chefs-d'œuvre dont son ami remplit la magnifique demeure des pontifes romains. Il vit éclore l'une après l'autre toutes ces pages glorieuses par lesquelles s'illustrèrent les règnes de Jules II et de Léon X. Il travailla même, comme plusieurs écrivains l'assurent, aux cartons des fameuses tapisseries que le second de ces deux papes commanda à Raphaël pour décorer la chapelle Sixtine et les salles du Vatican.

[2] Il avait une imagination si féconde, qu'à Rome, ses compagnons disaient qu'il produisait ses ouvrages à pleines cuillerées dans ses pots de couleurs ; de là le surnom de Potlepel (cuiller à pot) qu'on lui donna dans les Pays-Bas. Il peignit un nombre prodigieux de tableaux et de cartons, destinés à servir de mo-

en gentilhomme; peintre de Marguerite d'Autriche, il était un des plus assidus au cercle de poëtes et de musiciens que cette princesse avait pour courtisans; cependant sa charge ne lui rapportait qu'un gage annuel de cinq livres huit sous[1]; mais il augmentait ce revenu par ses portraits, grâce à la rapidité de sa touche; un portrait en pied lui était payé vingt-huit à trente livres; un portrait à mi-corps lui rapportait la moitié. Quand Albert Dürer vint le visiter à Bruxelles, il l'accueillit par un festin « qui fut si splendide, écrit le peintre allemand, que je doute qu'il ait coûté moins de dix florins. » Charles-Quint fut le protecteur et l'ami de Bernard Van Orley; le peintre fut bientôt de toutes les fêtes et de toutes les chasses de l'empereur. « Il composa un grand nombre de cartons représentant les scènes les plus pittoresques des chasses royales;

---

dèles pour des vitraux ou pour des tapisseries. A Bruxelles, dans l'église de Sainte-Gudule, et à Malines, dans la cathédrale de Saint-Rombaut, il reste quelques-uns de ses vitraux. On connaît de lui seize eaux-fortes représentant des scènes de la Passion. — Van Hasselt. —

[1] Ce qui n'empêche pas Lampsonius d'écrire huit vers sur les libéralités de madame Marguerite.

ces cartons servirent de modèle pour les riches tapisseries dont la demeure impériale était décorée. Ces pièces étaient d'une singulière richesse d'imagination. Ici, l'on voyait le cerf bondir à travers les halliers solitaires du Groenendael. Plus loin, les chasseurs accouraient en lançant dans les taillis leurs meutes enflammées et en faisant retentir la forêt du cri de *taïaut!* et des sons prolongés du cor. Puis venait Charles avec les seigneurs et les dames de sa cour, emportés sur leurs chevaux et sur leurs haquenées avec la vitesse du vent. Plus loin, le cerf était pris et abattu, au chant joyeux et sonore du *hallali*. Enfin, par moment, ces scènes étaient interrompues par quelque halte dans un des ronds-points de la forêt, et les groupes les plus pittoresques se formaient sur le gazon et dans l'ombre mystérieuse de ces vastes solitudes, sur lesquelles se dressait de loin en loin la croix de quelque clocher de village ou de quelque donjon seigneurial [1]. » Van Orley excellait dans la représentation de ces scènes vives et animées.

[1] — ANDRÉ VAN HASSELT. —

Dans son fameux *Jugement dernier* de l'église Saint-Jacques d'Anvers, on retrouve tout à la fois l'enfant des Van Eyck, le disciple de Raphaël et le peintre épris de Michel-Ange; c'est tour à tour la patience robuste et la fraîcheur de tons de l'école primitive, le style savant de Raphaël, la ligne ambitieuse de Michel-Ange; mais on se demande en voyant ce tableau où est Van Orley; c'est moins son œuvre que l'œuvre de ses maîtres. On ne saurait trop louer dans cette étrange composition le groupe de ce démon qui emporte avec volupté une belle femme nue, une de ces vives et savoureuses pécheresses qui font aimer le péché. Dans l'*Histoire de Job* (palais de La Haye) c'est le style de Michel-Ange qui domine, c'est la hardiesse, c'est l'énergie, c'est le caractère; dans *Saint Luc peignant la Vierge et la Sainte Famille*, Bernard Van Orley s'est plutôt souvenu de celui qui peignait la Madone di Foligno; c'est la même grâce, la même pureté, la même harmonie[1]; mais tout en se transformant ainsi, selon le culte du jour, selon le ca-

---

[1] Il avait fait dorer le panneau, de là les beaux transparents du ciel, les tons chauds et brillants qui donnent tant de vi à cette œuvre immortelle!

price de sa nature variable, imprégné de deux éléments si divers, Bernard Van Orley conservait une certaine saveur flamande. L'altière couleur des Van Eyck conservait toute sa fraîcheur sur cette palette infidèle.

Bernard Van Orley est représenté coiffé d'un chapeau à cornes, avec des moustaches, dans un grand déshabillé. Ses yeux sont fiers, sa bouche est dédaigneuse; il y a dans toute sa figure une expression inculte qui annonce un caractère altier.

Bernard Van Orley voulait laisser son héritage de grand peintre à ses deux fils; mais ses deux fils s'effacèrent devant son élève Michel Cocxie, qui fut surnommé le Raphaël flamand. A quinze ans, il peignait déjà avec un accent italien sous la direction de son maître Bernard Van Orley. Voulant amener la domination absolue du caractère raphaélesque, trouvant dans la manière de son maître un souvenir trop vivant encore de l'école flamande, il alla à son tour en Italie pour désaltérer son âme ardente aux sources vives du génie. Raphaël était mort, mais Cocxie trouva Raphaël dans son œuvre; il parvint à imiter sans peine, et à s'y méprendre, la manière grande et fière du peintre de l'*École d'Athènes,* comme si Raphaël lui-même lui eût enseigné les voies inaccessibles où il s'était engagé. Cocxie, avec une si puissante aptitude à suivre un pareil maître, fût devenu un grand peintre, s'il ne se fût permis que l'imitation intelligente, imitation qui a sa vie à elle et qui sait montrer sa force sous le manteau d'autrui; mais bientôt le savant imitateur ne fut plus qu'un adroit copiste qui ne garda du peintre que la main; l'empreinte personnelle, la seule marque du génie, s'effaça tout à fait; il ne resta en lui rien de l'artiste créateur.

Il s'était marié à Rome. Il revint habiter Malines, où il était né en 1497. Il avait été précédé dans son pays par une renommée déjà bruyante. Il devint à son tour le peintre ordinaire des souverains du Brabant; mais sans doute ses revenus ne furent pas de cinq livres huit sous, car en peu d'années, devenu riche comme un armateur ou comme un prince, il donna le premier l'exemple de ce luxe et de ce faste qui éclatèrent plus tard si vivement dans Rubens et Van Dyck. On comptait à Malines jusqu'à trois hôtels qu'il habitait en même temps et qu'il avait enrichis de ses tableaux. Appelé à Anvers malgré ses quatre-vingt-quinze années pour peindre l'hôtel-de-ville, il y fit une chute et mourut peu de jours après.

Cocxie fut reconnu pour un des premiers peintres de son temps, du moins en Flandre. Vasari lui accorde plus de caractère qu'il n'en a. « Cocxie s'est rendu célèbre par la gravité de ses compositions et la physionomie sévère et virile de ses personnages. » Rubens aimait beaucoup ce peintre; il allait souvent admirer à Notre-Dame d'Anvers une *Sainte Famille* d'un style noble et austère que Raphaël eût admirée lui-même. Cocxie aimait le drame, le jeu des passions, les scènes de sang; il avait l'art de bien grouper sans trop de labeur. Il répandait sans effort la vie et le mouvement; il avait étudié la science de Michel-Ange pour le nu; malgré sa liberté de touche, la tradition des Van Eyck qui les fait parler jusque dans le tombeau, l'empêche de s'abandonner à toute la fougue qui l'emporte.

Comme Van Orley, Cocxie n'est qu'un peintre de transition, qui avance un pied vers l'avenir, mais qui ne peut dégager l'autre du passé.

Cocxie a laissé plus d'une œuvre durable où il a mis son âme, mais il lui est trop souvent arrivé de ne donner qu'une empreinte étrangère. Dans la plupart de ses tableaux, on reconnaît à la première vue des fragments tout entiers pris à Raphaël ou à son école. Il avait plus de talent que de génie, plus de science que d'invention. Un de ses historiens [1] le juge sévèrement pour cette aptitude à s'approprier telle figure ou telle attitude d'un peintre illustre. « On reconnaît le larcin dans tous ses ouvrages, aussi fut-il très fâché lorsqu'un graveur [2] donna l'œuvre du maître italien. On prit le copiste sur le fait. Ainsi les traductions des écrivains étrangers découvrent les vols secrets qu'ils nous font et ceux que nous leur faisons. »

Jean Gossaert ou Jean de Mabuse (de Maubeuge)[3], contemporain de Michel Cocxie (1499-1562), laissa un œuvre moins glorieux, mais plus original. Il naquit à Maubeuge, eut une jeunesse

---

[1] — DESCAMPS. —
[2] — JÉROME KOCK. —
[3] Plusieurs de ses panneaux sont signés *Johannes Malbodius pingebat*.

agitée et parcourut l'Italie. De retour en Flandre, il devint peintre ordinaire d'un grand seigneur qui le regardait autant comme un histrion que comme un homme de génie. Peu importait à Mabuse : pourvu qu'il pût courir la nuit les tavernes et s'enivrer avec les filles, il consentait à faire des chefs-d'œuvre. Un seul trait de sa vie donnera une idée de sa passion pour le vin. Charles-Quint devait passer chez son protecteur, qui voulut le recevoir dignement. Il donna des ordres pour que tous les officiers de sa maison fussent habillés en damas blanc. Quand le tailleur vint prendre la mesure du peintre, Mabuse lui demanda l'étoffe, disant qu'il voulait imaginer une coupe plus noble. Dès qu'il eut l'étoffe, il la vendit pour boire, « et, lorsqu'il fallut paraître, il se fit une robe de papier blanc qu'il peignit en beau damas. Quand la marche fut réglée, tous les officiers défilèrent sous un balcon où était l'empereur. Le peintre passa bravement, entre un philosophe et un poëte. La beauté du damas frappa tout le monde, Charles-Quint surtout. » Mabuse finit par abuser de la patience de son protecteur; il persista dans ses débauches, fut emprisonné pour dettes et mourut, comme il avait vécu, un verre d'une main, un pinceau de l'autre, le front rayonnant sous l'ivresse et sous l'inspiration. Son portrait ne donne pourtant pas l'idée d'un ivrogne. C'est presque une tête vénérable par la barbe blanche et les lignes sévères de la figure.

Le premier, dit Vasari, il rapporta d'Italie en Flandre l'art de rendre l'histoire par l'allégorie. Vasari oubliait que les Van Eyck avaient le génie du symbole. C'est avec plus de raison que Vasari dit : « C'est à l'école italienne que Mabuse doit sa science du nu. » Il a traduit les plus belles pages de la Bible; Il se complaisait surtout à peindre Adam et Ève sous l'arbre de science. On sent bien dans son œuvre l'impression de la nature : il l'avait eue pour premier maître, il l'avait toujours consultée. Albert Dürer alla tout exprès d'Anvers à Middelbourg pour voir une *Descente de croix* de Mabuse[1]. « Un des plus frappants entre tous ses ouvrages est un tableau en camaïeu presque sans

---

[1] « Une *Descente de croix* de Van Hemmisten rappelle tout-à-fait Mabuse par la naïveté noble du style et la délicatesse du pinceau. » — L. VIARDOT. — *Musée de Bruxelles.*

12.

couleur, représentant une décollation [1]. » Mabuse abusait un peu du fini, mais sans perdre de vue le style. Il aimait la nature et ne cherchait guère ailleurs son idéal : on a beaucoup vanté un de ses tableaux représentant *la Vierge et l'enfant Jésus* ; la Vierge, c'était la marquise Van Veere, l'enfant Jésus, c'était le fils de la marquise.

Mabuse a eu deux manières distinctes : d'abord esclave du fini, il se complaisait dans le détail et dans la patience comme un miniaturiste, ensuite ayant acquis au-delà des Alpes la liberté de touche qui donne tant de grandeur ou tant de caractère aux œuvres de la peinture, il fut animé, pittoresque, varié à l'infini.

Mabuse a eu deux muses comme il a eu deux manières, la chaste inspiration qui descend du ciel et pose son pied d'archange sur la neige des montagnes, et la folle fille des tavernes qui s'enivre et s'endort sous la table au bruit des chansons impies qui profanent Dieu et l'amour. Mais l'artiste a quelque chose de la Divinité ; il se re-

---

[1] — Van Mander.—Cet historien parle de très beaux dessins au crayon noir de Mabuse que se disputaient les peintres du temps.

lève noble et grand, même quand il a dormi sur la dalle rougie.

Mabuse, pénétré du goût italien, quoique fidèle encore aux traditions de l'école de Bruges, nous ramène naturellement en Hollande; en allant s'y fixer, il y porta ces divers éléments, le style et le naturalisme, le caractère et la vérité, qui avaient fait la gloire de l'Italie et de la Flandre.

II.

SCHOOREEL. — MORO. — VERMEYEN,
VAN MEHLEM. — HEMSKERKE. — VAN KALCKER.
GOUDA. — BARENTSEN.

Comme Hemling, Lucas de Leyde était inimitable. Quel disciple assez heureux eût pu reproduire la grâce charmante, le sourire ineffable, la naïveté terrestre et sublime de ces deux maîtres qui allaient si haut chercher leurs inspirations? Schooreel et Hemskerke tentèrent d'abord de perpétuer les principes de Lucas de Leyde, mais l'éclat de l'école italienne les entraîna loin de leur pays. Ils allèrent étudier en Italie, sans toutefois dépouiller le caractère de l'Art national. Que fût-il advenu cependant, si l'Art flamand et hollandais eût été abandonné dès le début à lui-même comme un enfant prodigue dans les premiers élans de la passion? Le naturalisme l'eût sans doute étouffé; peut-être eût-on salué Rubens et Rembrandt un siècle plus tôt; mais, à coup sûr, l'école flamande et hollandaise n'en eût été ni plus féconde ni plus glorieuse. Rien ne pouvait altérer la sève puissante des vigoureuses racines de cet arbre couvert de branches; les purs rayons d'un soleil plus doux devaient réjouir l'arbre et non le dessécher.

Schooreel a su allier, avec une suave harmonie, l'Art du Nord à l'Art du Midi. Dans plusieurs de ses tableaux, on reconnaît tout à la fois Van Eyck, les maîtres de Cologne et Raphaël. Le naturalisme flamand et hollandais s'était adouci sous son pinceau par la grâce onctueuse du génie italien. On peut étudier, dans presque tous les musées, le talent tour à tour naïf et savant de ce grand artiste. Franc Floris, dont les jugements étaient recueillis avec respect, a surnommé Schooreel « le flambeau des peintres flamands et hollandais », plutôt encore sans doute pour sa science et pour ses voyages que pour son génie. En effet, il parlait toutes les langues; et, même avant Bernard Van Orley, il avait franchi les Alpes, pour étudier en Italie les débris de l'antique et les merveilles de Raphaël. Il revint dans son pays pour ouvrir une école où l'on suivait tout à la fois les traditions vivantes des Van Eyck, le sentiment naïf des Byzantins, la grâce ineffable du Sanzio et la majesté sculpturale des anciens Grecs.

Jean Schooreel, tout à la fois peintre, poëte, musicien, savant, orateur, naquit en 1495, le 1er août, dans le bourg de Schooreel, au voisinage d'Alcmaer. Orphelin de bonne heure, il comprit qu'il devrait tout à lui-même. Il dépensa le peu d'argent qui lui était venu de sa famille à apprendre le latin. Dès qu'il sut manier la plume, il se surprit une passion sérieuse pour le dessin. « Le

---

[1] Déjà, comme nous l'avons remarqué, Jean Schwartz de Groningue avait, au retour d'un voyage à Florence et à Rome, initié quelques peintres de la Hollande au style du Midi.

papier, le verre et jusqu'aux écritoires de corne, tout devint, sous sa main, figures, animaux et plantes. Il était le dessinateur gagé de tous ses camarades[1]. » C'est toujours la même histoire. Schooreel quitta l'école à quatorze ans pour l'atelier. Il reçut les premières leçons de peinture de Guillaume Cornelitz, artiste médiocre, qui s'enivrait tous les jours pour croire à son génie. Schooreel eut le bon esprit de s'apercevoir que la nature était un autre maître, éternellement grave et inépuisable dans sa science. « Les fêtes et les dimanches, il allait hors de la ville, et il peignait d'après nature des perspectives et des arbres avec une touche nouvelle dans son temps[2]. » Schooreel ayant vu une *Descente de croix* d'un grand effet du frère de son maître, Jacques Cornelitz, il partit pour Amsterdam où demeurait ce peintre, et lui demanda la grâce d'entrer dans son atelier. Jacques Cornelitz accueillit le jeune enthousiaste avec une amitié soudaine, qui ne s'altéra jamais. Non seulement il donna un gîte assuré à l'élève

[1] — Van Mander. —
[2] — Mathieu de Viscu. —

de son frère, mais il le paya avec générosité, reconnaissant bientôt que Schooreel n'avait plus besoin de maître. Schooreel peignit, dès son entrée à l'atelier, les fonds des tableaux de Jacques Cornelitz.

Schooreel comptait déjà dix-sept ans; Jacques Cornelitz avait une fille de treize ans à peine. Le disciple en devint amoureux, du moins par pressentiment. « Votre fille est si jolie, que je l'aimerai avec fureur quand viendra son temps. » A cette déclaration, le père, un peu effrayé, répondit par ces paroles mémorables : « Mon ami, je vous conseille de voyager. C'est cela, reprit Schooreel; je vais faire le tour du monde avec le souvenir d'Ursule. J'irai en France, en Allemagne, en Italie, au-delà des mers. Quand je reviendrai, votre fille aura vingt ans; mais m'aura-t-elle attendu jusque-là? Qui peut répondre du cœur d'une femme pendant sept ans? »

Quand Schooreel partit, Ursule pleura. « J'avais bien raison de compter sur elle, dit le jeune peintre, le ciel nous réserve la même destinée. » Schooreel s'arrêta à Utrecht, chez Jean de Mabuse, qui était alors au service de l'évêque Philippe de

Bourgogne. Schooreel se laissa d'abord aller aux folles dissipations qui avaient envahi Jean de Mabuse. A Utrecht, il ne se contenta plus seulement des passions sérieuses de l'atelier; il joua la comédie, apprit la musique et versifia des propos galants. Il devint en peu de mois homme de cour accompli. Heureusement pour lui, le souvenir d'Ursule le détacha bientôt d'un peintre enclin à toutes les brutalités de la débauche. Il partit pour l'Allemagne, où il voyagea à petites journées, s'arrêtant à chaque ville pour y visiter les artistes. Il étudia à Cologne les précieuses traditions de Wilhelm et de Stéphan; il étudia à Spire l'architecture et la perspective. Il passa quelque temps à Strasbourg et à Bâle. Il descendit à Nuremberg chez Albert Dürer, qui avait déjà vu de ses œuvres, et qui l'accueillit avec éclat. Comme c'étaient deux peintres savants, ils discutèrent beaucoup : ils finirent par se brouiller sur un point de théologie. Schooreel alla se consoler à Stiers, en Carinthie, chez un baron protecteur des artistes, qui, émerveillé du talent du peintre hollandais, lui offrit sa fille et sa fortune. Bien que la fille fût jolie et que la fortune fût grande, Schooreel refusa, en racontant au baron qu'il voyageait avec une passion dans le cœur pour Ursule Cornelitz, la fille de son maître.

Après avoir amassé beaucoup d'argent, il partit de Stiers pour Venise, où il vécut en familiarité intime avec quelques peintres d'Anvers. En ce temps-là, on partait tous les jours de Venise pour la Terre-Sainte; Schooreel s'embarqua, en compagnie d'un religieux hollandais, pour la Palestine. Il s'arrêta dans les îles de Chypre et de Candie, dont il prit au passage toutes les vues curieuses. Il avait vingt-cinq ans à son arrivée à Jérusalem. Bien qu'il ne fût pas un chrétien très orthodoxe, il alla s'agenouiller, en pensant à Ursule, devant le tombeau du Christ. Il s'arrêta au couvent de Sion et courut les bords du Jourdain, dessinant à la plume tout ce qui frappait son regard. Le couvent de Sion a gardé longtemps un tableau de Schooreel, *Saint Thomas portant ses doigts à la plaie de Notre-Seigneur*. Schooreel prépara en Palestine plusieurs tableaux qu'il exécuta plus tard, comme la *Ville de Jérusalem* et le *Tombeau de Jésus-Christ*. Dans ce dernier tableau, il se représenta lui-même dans une troupe de chevaliers. Au retour de ce voyage, il passa par l'île de Rhodes ; le grand-maître lui en fit royalement les honneurs. Revenu à Venise, il s'y établit, pour fixer sur la toile ses souvenirs de voyage. Il fut appelé à Rome par le pape Adrien VI, son compatriote, qui avait ouï parler avec éloge du peintre-voyageur et qui lui donna la conduite du Belvédère. Schooreel, après avoir peint un admirable portrait du pape, revint en Flandre tout chargé d'or, plus que jamais amoureux d'Ursule Cornelitz. Cette douce et fraîche image n'avait pas quitté un instant son imagination ; il l'avait vue flotter partout, sur les bords du Jourdain, sur les lagunes de Venise, sur les vagues plaintives de la Méditerranée. Peut-être avait-il aimé d'autres femmes dans ce long voyage, mais ces passagères amours n'avaient pu bannir Ursule de son cœur. Deux lettres du père étaient venues, à longs intervalles, lui apprendre que celle qu'il avait quittée enfant devenait une fille accomplie, aussi belle que sage. « Il va sans dire qu'elle vous attend, » écrivait Jacques Cornelitz dans sa dernière lettre. Dès que Schooreel toucha le sol des Pays-Bas, il demanda à tout le monde des nouvelles de Jacques Cornelitz et de sa fille. Quelques-uns lui répondirent que Jacques Cornelitz était toujours un bon peintre, mais de sa fille point de nouvelles. A Utrecht, enfin, il se trouva quelqu'un pour lui parler d'Ursule. « Vous l'avez vue? demanda Schooreel avec un sourire d'amour. Oui, lui répondit-on; je l'ai vue le jour de ses noces. » Lasse d'attendre, Ursule avait épousé un orfèvre d'Amsterdam.

Dans sa douleur, Schooreel ne trouva qu'une consolation, ce fut de peindre sans relâche, ce fut de reporter vers l'art toute sa passion pour Ursule. Il demeura à Utrecht, où il peignit, entre autres pages importantes, une *Entrée de Jésus-Christ dans Jérusalem* et une *Mort de la sainte Vierge*. Le roi de Suède, voulant le remercier royalement d'un grand tableau symbolique peint pour son palais, lui envoya un diamant, des peaux de martre, un traîneau, un cheval qu'il avait dressé lui-même, enfin un fromage de Suède du poids de deux cents livres; mais tout cela fut englouti dans une tempête. Ce fut alors que François Ier, qui comprenait si bien que les grands artistes font les grands règnes, écrivit lui-même à Schooreel pour le prier de venir à la cour de France. Schooreel, fatigué des voyages, voulut s'en tenir aux triomphes qu'il trouvait dans sa patrie. Il ne quitta plus Utrecht que pour passer quelques années à Harlem. Dans ces deux villes, il avait ouvert une école, dont Martin Hemskerke fut le suprême élève. Dans ses heures de temps perdu, il cultivait encore la poésie et la musique, discutait avec les plus célèbres théologiens de Leyde, ou tirait de l'arc à désespérer les plus adroits. Il mourut à Utrecht, le 6 décembre 1562, admiré de toute la Hollande comme le plus grand paysagiste, peut-être comme le plus grand peintre de son temps.

On lit au bas d'un portrait de Schooreel ces deux vers latins, datés de 1560, et signés Antonius Morus :

<pre>
Addidit huic arti decus, huic ars ipsa decorum :
   Quo moriente mori est, hæc quoque visa sibi.
</pre>

J'ai vu la gravure de ce portrait d'Antoine Moro. Schooreel a un accent un peu rude; l'œil est pensif, le front est caché sous un bonnet en forme de parasol. Le peintre sexagénaire est vêtu d'hermine. Dans les attributs du cadre, on distingue un tireur d'arc assis sous un mélèze, au bord de la mer du Nord, et, comme contraste, un pèlerin en prières sur les bords du Jourdain.

Schooreel était né avec toute la force du génie hollandais; il a eu le tort commun à tous les artistes de son siècle de vouloir qu'un rayon du génie italien illuminât ses œuvres. Aussi ne fut-il ni hollandais ni italien. Nous ne saurions souscrire au jugement de Johanna Schopenhauer qui lui place sur le front la couronne de Jean Van Eyck. « On reconnaît dans ses tableaux la sérénité et la magnificence du puissant maître de Bruges. C'est la même force intime, la même vérité de dessin et d'expression, mais il manque à Schooreel l'indicible magie répandue dans l'œuvre de Jean Van Eyck. » Malgré ce correctif, le critique allemand élève encore trop haut Schoorcel, qui d'ailleurs appartient plutôt à l'école de Venise qu'à l'école de Bruges.

Parmi les élèves remarquables de Schooreel, outre Hemskerke, que nous allons étudier, l'histoire a conservé les noms d'Antoine Moro, de Cornille Vermeyen et de Van Mehlem. Antoine Moro, d'Utrecht, fut célèbre, à juste titre, pour ses portraits[1]. Il avait voyagé en Italie, voulant apprendre à dessiner après avoir appris à peindre. En Espagne, en Portugal et en Angleterre, tous les grands personnages posèrent devant lui et firent sa fortune. Il vécut en familiarité intime avec Charles-Quint. « Un jour, l'empereur frappa Moro sur l'épaule en badinant : Moro en fit autant avec son appuie-main sur l'épaule du roi[2], » ce qui fut regardé par les inquisiteurs comme un crime de lèse-majesté. Moro s'enfuit en toute hâte et quitta l'Espagne sans dire où il allait. Sa manière rappelle à la fois Schooreel et Titien.

Cornille Vermeyen fut aussi peintre ordinaire de Charles-Quint : il le suivit dans toutes ses campagnes. Il s'est représenté dessinant, sous la garde de quelques soldats, la ville de Tunis. Il s'habillait en Turc et portait une barbe plus longue que lui : « Charles-Quint s'est souvent diverti à marcher dessus[3]. » Étrange divertissement pour un empereur. Ses dessins de campements et de batailles

---

[1] « Moro est tenu en haute estime ; ses ouvrages luttent de vérité avec la nature. » — VASARI. —

[2] — VAN MANDER. —

[3] — DESCAMPS. —

ont servi de modèles pour les tapisseries. Il peignit des tableaux d'autel qui appartiennent un peu à toutes les écoles. On a admiré quelques fêtes marines où le nu des figures était traité de main de maître. Né à Berverwyck, près de Harlem, en 1500, il mourut à Bruxelles en 1559. Il fut inhumé dans l'église de Saint-Gorick.

Jean Van Mehlem rappelait à la fois les Hollandais et les Flamands de la première époque avec un dernier accent de l'école de Cologne. Il est du nombre de ces artistes méconnus du xve et même du xvie siècle, dont l'histoire a dédaigné jusqu'au nom. On ne trouve guère aujourd'hui ce nom, digne de respect, qu'à la Pinacothèque de Munich.

Martin Hemskerke ou Van Veen, né dans le village d'Hemskerke, fut surnommé le Raphaël hollandais. Son père était un maçon campagnard qui n'attachait aucun prix à la peinture, et qui, loin de cultiver les heureuses dispositions du jeune homme, le jeta violemment dans les plus durs travaux de la campagne. Hemskerke était tour à tour aide-maçon, pâtre et laboureur; mais, dévoré par le génie de la peinture, il n'attendait qu'une occasion pour fuir la maison paternelle et aller à

Delft, dans quelque atelier où, grâce à sa bonne volonté, on daignerait lui accorder un peu de place et un peu de pain. Un jour, les plus graves historiens ont inscrit ce détail, Hemskerke, revenant du melplaets, rapportait à la maison un seau plein de lait. Son père, impatient, lui cria de se hâter. Hemskerke, peu disposé à faire plus longtemps ce métier indigne de lui, renversa le seau avec colère et s'enfuit à toutes jambes. Le père le poursuivit pour le battre, mais ne parvint pas à l'atteindre. La nuit, cependant, Hemskerke vint rôder autour de la maison paternelle. Sa mère ne dormait pas; il s'en doutait bien. Il l'appela doucement; elle vint à lui. Pendant deux heures, ce ne furent que larmes et embrassements. Elle-même l'encouragea à partir. « Il me battra peut-être, lui dit-elle, mais je penserai à toi et je me consolerai. » Là-dessus elle courut au bahut de bois noir et rapporta à son fils tout l'argent qu'elle y trouva. « Adieu, lui dit-elle; quand tu seras sans ressources, reviens la nuit; tu n'auras pas besoin de parler bien haut pour que je t'entende. » Il partit; il ne revint pas. Lucas de Delft, plus ouvrier qu'artiste, mais pourtant ouvrier intelligent, l'admit parmi ses élèves. Hemskerke, séduit par la renommée déjà bruyante du jeune Schooreel, alla à Utrecht lui demander la grâce de peindre sous ses yeux. Schooreel lui donna généreusement ses palettes et ses pinceaux; pourtant il faut l'avouer, car on doit la vérité à l'histoire, au bout de peu de temps, Schooreel, voyant s'annoncer le génie de Hemskerke, lui ferma rudement sa porte. Mais, dès ce jour, Hemskerke n'était plus un disciple, c'était un maître. Il fut appelé par presque tous les amateurs d'Utrecht et de Harlem, qui, ne pouvant obtenir de tableaux de Schooreel, voulaient bien se contenter du talent de son élève. Il peignit Apollon et Diane, Adam et Ève, tous les tableaux galants de la théologie païenne et chrétienne. Il fut très admiré, mais tout le monde lui reprochait d'avoir pris la manière de Schooreel. En effet, il imitait Schooreel à s'y méprendre. Son œuvre capitale avant de partir pour Rome, mais toujours dans la manière de son maître, représente *Saint Luc peignant la sainte Vierge*. Les têtes étaient remarquables par la beauté comme par l'expression. Hemskerke s'était placé dans le tableau derrière saint

Luc, sous la figure d'un homme couronné de lierre. C'est une tête effilée avec une barbe en pointe et de grands yeux rêveurs. On voyait encore dans cette œuvre, par une fantaisie du peintre, un perroquet dans sa cage. Hemskerke avait sans doute pris des leçons de poésie à l'école de Schooreel, car il avait inscrit des vers en l'honneur de saint Luc sur un livre ouvert dans le tableau.

Il voulut voir Rome à son tour. Il partit pour l'Italie à trente-quatre ans, avec des recommandations puissantes. A son arrivée à Rome, un cardinal lui offrit le gîte et la table. Il étudia avec passion les bas-reliefs antiques et les œuvres de Michel-Ange. On raconte qu'un jour un Italien pénétra dans sa chambre et lui enleva deux tableaux. Hemskerke découvrit la retraite du voleur; il alla à lui et parvint à reprendre son bien. Mais ce voleur était un grand coupable qui pouvait se venger. La peur saisit le peintre, qui partit à la hâte pour retourner dans son pays. C'était une nature timide, une femme devant le danger; « il redoutait surtout les armes à feu, dit Van Mander : on l'a vu monter sur une tour pour voir passer la marche des arquebusiers, sans se croire à l'abri du danger. Au siége de Harlem, en 1572, il obtint seul, entre tous les hommes, la permission de sortir de la ville avec un convoi de femmes et d'enfants. » En débarquant à Dordrecht, il descendit dans une auberge que lui avait recommandée un de ses compatriotes étudiant à Rome. L'aubergiste l'invita à souper avec toutes sortes de prévenances ; mais, heureusement pour lui, il partit le soir même pour Rotterdam. Le lendemain, l'aubergiste était arrêté ; la justice découvrait, dans une cave de l'auberge, une vingtaine de cadavres arrêtés là pour l'éternité.

De retour en Hollande, Hemskerke fut appelé partout où il y avait des églises et des amateurs. Il avait changé sa manière : les bords de ses contours étaient moins tranchants. On sentait bien encore qu'il était parti de Schooreel, mais son originalité éclatait avec puissance. Son génie était fécond ; il peignait en même temps les Vénus et les Diane, les Marie et les Madeleine, s'inspirant tour à tour, avec un égal bonheur, du sentiment antique et du sentiment moderne : seulement sa grâce était plus aimable que touchante. Il composait admirablement. On peut lui reprocher un peu de sécheresse, surtout dans ses figures nues. Son œuvre capitale est une *Bacchanale* grandiose, toute pleine de fureur, où le plaisir soulève la peuplade échevelée comme les flots de la tempête.

Il s'était établi à Harlem peu de temps après son retour de Rome; il y épousa une des plus belles filles de la ville. Il comptait beaucoup sur elle et sur les enfants qu'elle lui donnerait pour fleurir sa vieillesse; mais sa femme mourut en couches et l'enfant survécut à peine à la mère. Ayant pris l'habitude du mariage, il chercha une autre femme; il ne trouva qu'une vieille fille. Elle était laide ; il allait passer outre : elle était riche, il l'épousa. Il sentit bien plus l'absence de sa chère Marie Jacobs. Cette vieille fille n'avait qu'une passion, celle de l'argent. Elle finit par la donner à Hemskerke, qui fut bientôt un des plus riches de Harlem. « Après sa mort, dit Van Mander, on trouva son habit garni de pièces d'or, que le vieux peintre, trop prévoyant, avait cousues une à une dans sa doublure. » Il avait fait plusieurs legs extraordinaires. Il a laissé une terre dont le revenu sert à doter quatre jeunes filles. Mais le légataire a imposé une condition vraiment singulière, presque lugubre pour les jeunes filles, peut-être consolante pour lui ; il a exigé que le mariage se fît sur son tombeau. Il fut inhumé dans la grande église de Harlem, dont il avait été longtemps marguillier. Il s'était vengé de son père le maçon en l'accablant de biens. Son père mort, il fit élever sur sa tombe un obélisque de pierre bleue, où il tailla lui-même le portrait du paysan. Il légua aussi un revenu pour entretenir ce tombeau. Il donna beaucoup à ses amis et beaucoup aux pauvres. Il mourut, glorieux et aimé, à l'âge de soixante-seize ans [1].

Parmi les disciples de Hemskerke, un jeune homme de Gouda fut remarqué par une intelligence précoce ; Cornille Van Gouda, né en 1520, mort vers la fin du XVIe siècle, composait de

---

[1] « Hemskerke fit, à Medenblick, un tableau d'une grande beauté, où l'on voit les quatre fins de l'homme, la mort, le jugement, l'enfer et le paradis. Rien ne frappe davantage que les expressions différentes, la peur, la crainte, le désespoir et la joie. On remarque partout le spirituel et savant artiste. Ce tableau fut fait pour son élève Jacques Rauwaert, grand amateur, et en état de le bien récompenser. Il paya son maître d'une façon peu commune, en lui comptant des doubles ducats si longtemps et en si grand nombre, que le peintre, étonné, s'écria plusieurs fois : En voilà assez ! » — DESCAMPS.

grandes pages religieuses avec une hardiesse qui put surprendre et annoncer un génie hors ligne. Mais la passion de l'art s'éteignit chez lui dans la passion des filles. bientôt dans la passion du vin. Les inspirations qui l'avaient saisi à l'atelier ne le suivirent pas au cabaret : il survécut à son talent et à son cœur.

Nous avons dit qu'à son retour d'Italie, Hemskerke descendit dans une auberge de Dordrecht dont la cave était pleine de cadavres. La nuit même que Hemskerke devait passer dans ce gîte de malheur, un jeune homme du pays de Clèves, connu depuis sous le nom de Jean Van Kalcker, s'y endormait paisiblement, bercé par les propos galants de la fille de l'aubergiste. Cette fille jeune et belle n'était sans doute pas complice des crimes de son père. Le lendemain, quand la justice de la ville eut découvert l'odieuse hospitalité, cette fille supplia Van Kalcker de l'emmener en Italie, car il attendait à l'auberge le prochain départ d'un navire. Heureusement pour elle, le bâtiment allait mettre à la voile; elle se déguisa en homme et accompagna le jeune peintre. Ils parcoururent ensemble l'Italie et se fixèrent à Venise. Van Kalcker, qui s'était formé dans la manière hollandaise, entra à l'atelier du Titien, abandonna ses premiers principes et devint un des principaux élèves du grand coloriste. Plus d'un portrait de Van Kalcker est à cette heure inscrit dans les musées sous le nom du Titien; c'est la même pâte et la même touche. Selon Vasari [1], qui a connu Van Kalcker, il était impossible d'apercevoir dans ses tableaux les moindres traces de l'école hollandaise. Van Kalcker maniait le crayon et la plume avec beaucoup d'adresse; il a dessiné tous les portraits de peintres, sculpteurs et architectes, dont Vasari a écrit la vie. Il mourut à Naples en 1546, à peine âgé de quarante-sept ans.

Dirck Barentsen d'Amsterdam (1534-1592) devint aussi élève du Titien, après avoir étudié les procédés et les traditions de la peinture hollandaise. Son père, Barent le Sourd, qui a peint des supplices et des séditions, lui donna les premiers principes. Comme Schooreel, comme Hemskerke, comme la plupart des peintres du xvie siècle, il

---

[1] « Van Kalcker fit avec succès la figure en grand et en petit; il eut un merveilleux talent pour le portrait. Nous placerons hors ligne Van Kalcker comme disciple du Titien. » Vasari.

avait étudié les belles-lettres avec fruit. Il était né musicien ; il jouait de la viole avec passion. Il partit fort jeune pour l'Italie. Le Titien l'accueillit pour sa figure aimable et s'attacha à lui pour son esprit. Tous les lettrés de Venise le recherchèrent bientôt. Le Titien lui avait dit : « Vous êtes mon fils, ma maison est la vôtre ; recevez-y vos amis comme j'y reçois les miens. » Il passa sept années dans cette maison, qui était nommée à juste titre le paradis des arts. Il revint en Hollande avec un de ses amis de Venise, le seigneur d'Aldegonde, qui lui conserva toujours sa protection et son amitié. Il épousa à Amsterdam une jeune fille de haut rang, qui lui donna des enfants, de la fortune et de la considération. On ne tarda pas d'ailleurs à reconnaître que Barentsen était un grand portraitiste et un grand peintre d'histoire. Il fut appelé partout. Il a laissé des portraits à la manière du Titien, mais où se trahit pourtant le caractère du génie hollandais. Il a peint, entre autres œuvres remarquées, une *Vénus*, une *Judith*, une *Madeleine*, une *Chute de Lucifer*. Il conserva jusqu'à sa mort une grande manière pour sa composition, mais il avait perdu peu à peu sa vivacité de touche.

Cependant la renommée de Franc Floris nous rappelle à Anvers, où nous allons trouver, dans sa puissante école, une nouvelle ère pour la peinture. C'est encore l'alliance du caractère national avec le style italien, mais, avec l'esprit de réforme de Lambert Lombard, le fervent disciple des anciens Grecs, avec les reflets furtifs et les ombres mystérieuses de l'imagination allemande. Jusque-là, hormis Lucas de Leyde, les peintres flamands et hollandais s'étaient avant tout préoccupés du dessin et de la couleur, de la composition et du style; la pensée ne leur était guère venue que par le sentiment religieux : elle allait frapper quelques-uns d'entre eux par toutes ses formes saisissables.

V.

LE STYLE ANTIQUE ET ITALIEN DANS LA PEINTURE FLAMANDE ET HOLLANDAISE.

LAMBERT LOMBARD. — FRANC FLORIS.
LUCAS DE HEERE. — LES PORBUS. — LES FRANCK.
MARTIN DE VOS. — KŒBERGER.
VAN MANDER.—HUBERT ET HENRI GOLTZIUS.
SPRANGER.—WILHELM KEY.

I.

Si les peintres flamands et hollandais ont dû quelques rayons de leur génie aux principes des écoles étrangères ; si l'Orient, si l'Italie et l'Allemagne ont indiqué dès l'origine aux artistes des Pays-Bas la couleur, le style, la grâce, la pensée, le sentiment, on peut affirmer hautement que les principes de l'art flamand et hollandais, la puissante individualité des Van Eyck, d'Ouwater, d'Hemling, de Lucas de Leyde, ont exercé une grande influence sur les écoles étrangères. Au xve siècle, on retrouve déjà sur les bords du Rhin le caractère des têtes des Van Eyck; bientôt leur puissante manière pénètre dans toute l'Allemagne. Frédéric Herlin, Schœngauer, Holbein-le-Vieux, Wohlgemuth, sont des Allemands envahis par le naturalisme flamand. Comme à toutes les époques glorieuses, les artistes recherchaient des maîtres illustres. Cologne n'avait plus d'école; l'Italie en avait déjà trop. Les Van Eyck étaient au plus haut point de leur renommée. Les peintres allemands, même ceux qui ont imprimé leur caractère original, étudièrent pieusement l'exécution des maîtres de Bruges. Dans leurs tableaux, on reconnaît l'agencement des groupes, l'expression des têtes, les procédés techniques du coloris. Si on consulte les historiens du temps [1], on voit que l'Italie elle-même étudiait beaucoup l'œuvre des Van Eyck, d'Ouwater, d'Hemling, de Bosch, de Lucas de Leyde, de la toute-puissante

---

[1] — Facius. — Vasari. —

pléiade qui avait si glorieusement inauguré dans les Pays-Bas le règne de l'Art. Nous pourrions ici invoquer l'autorité de quelques juges sérieux[1]. Venise, Naples, Florence, tour à tour, se fortifièrent par le naturalisme flamand et hollandais. Les artistes voyageurs des Pays-Bas allaient emprunter aux Italiens, mais ils portaient et laissaient dans cette autre patrie je ne sais quel souffle fécond, quel parfum savoureux des campagnes de Bruges et de Leyde.

Antonello de Messine n'avait pas seulement emporté à Venise le procédé matériel des Van Eyck, il avait emporté leur science de composition, leur fécond amour de la vérité, leur vivante fraîcheur de coloris[2]. Les Italiens, ceci est hors de

---

[1] M. L. Vitet, dans son beau travail sur Lesueur, reconnaît que la Flandre est la mère-patrie de la couleur : « quand Otto Venius, à son retour d'Italie, rapportait la chaleur de ton des Vénitiens, il ne faisait que rendre à son pays ce que Venise lui avait emprunté. »

« On ne saurait nier l'influence exercée par Van Eyck et ses disciples sur les œuvres vénitiennes des premières périodes. » Jeanron et Leclanché.

[2] Nous avons reconnu à Venise le caractère de l'école de Bruges dans des tableaux d'Antonello, de Domenico, d'Andrea del Castagno; si l'école de Venise, à son point suprême, n'avait

doute pour tous ceux qui ont étudié librement les deux écoles, doivent bien plus aux Flamands qu'ils ne leur ont rendu. On peut même dire que l'atmosphère italienne a été fatale au génie des Pays-Bas. Le peintre qui résume le mieux l'alliance flamande et italienne, c'est Otto Venius; il était né avec le génie créateur; quand il partit pour l'Italie, on le saluait déjà grand peintre; à son retour ce n'était plus qu'un peintre savant, préoccupé des règles et n'osant plus monter la cavale sauvage de l'inspiration.

L'influence de cette école créait la peinture en Espagne, ou du moins l'Art espagnol était encore dans l'enfance, quand Jean Van Eyck, Roger de Flandre (sans doute Roger de Bruges), Flamenco [1] (peut-être Hemling), Vermeyen, Cocxie, Moro, vinrent à la cour d'Espagne peindre des portraits et des tableaux d'histoire. Les Flamands et les

---

pas la poésie héroïque et romanesque, elle rappellerait encore les Van Eyck, par l'éclat des draperies et par l'opulence de touche.

[1] Il est connu en Espagne sous le nom du grand Flamand : « Hoc oratorium a magistro Kogel, magno et famoso Flandresco, fuit depictum. » — FIORILLO. — *Histoire de la Peinture en Espagne.*

Hollandais, amoureux du soleil qu'ils entrevoyaient à peine, semblent avoir voulu perpétuer ses rayons sur leurs panneaux. La lumière, cette fois, était venue du Nord pour l'Art du Midi.

II.

La réforme de Lambert Lombard allait une seconde fois opprimer ou régénérer le génie des Pays-Bas; toute réforme a des éléments de destruction et de création, c'est la hache du bûcheron dans la forêt profonde; le chêne séculaire tombe et disparaît, mais Dieu est toujours là pour mettre un autre arbre à la place du chêne. Lambert Lombard, ce savant précurseur de Winckelmann, ne se contenta pas d'étudier les grands maîtres italiens qui venaient de mourir; il voulut aller plus loin, il rechercha les épanouissements de l'Art jusqu'à son origine. Les Grecs furent les seuls maîtres qui lui parurent dignes d'une religion enthousiaste; ils ont, disait-il, écrit la grammaire de l'Art; leurs œuvres sont les seules infaillibles, les seules belles dans tous les siècles parce qu'elles sont créées par la pensée et par le style, parce que le beau idéal des Grecs était un culte aussi digne que le culte des dieux chez les hommes et du soleil chez les sauvages.

Lambert Lombard (1506-1560) étudia à Liége, où il était né, l'architecture et la perspective. Il voyagea en France, qui fut, pour ainsi dire, le pays natal de son talent. « Il y dessina les édifices ruinés par les ravages de la guerre. » C'était l'homme du passé, l'amour des ruines gothiques fut la préface de sa passion pour les vestiges de l'antiquité. Il parcourut l'Allemagne et l'Italie, étudiant le caractère de toutes les écoles. Il revint à Liége et ouvrit lui-même une école où il enseigna impérieusement le goût de l'antique. Il n'était pas seulement un peintre très estimé, mais un poëte et un philosophe dont la ville de Liége s'enorgueillit encore. Comme peintre il est un peu de la famille de Lucas de Leyde et d'Albert Dürer. Il plaçait l'idée et le style, comme Michel-Ange, au-dessus des nuages de la couleur. Mais, né en Flandre, il était né coloriste, s'il assourdissait sa touche pour laisser transparaître la pensée et la ligne c'était par des sacrifices volontaires ; il protestait par l'idée comme par la touche; tous ses tableaux sont des sujets antiques. D'après le peu qui reste de lui on peut juger de son goût profond et savant; selon le témoignage de Goltzius nul ne le surpassait en érudition. Sévère pour le dessin, abondant mais contenu pour la couleur, sachant mieux que tout autre ménager les ombres, « il a immortalisé son nom, dit Sandrart, par les progrès surprenants que lui doivent la peinture, la sculpture, la gravure [1] et surtout l'architecture. » Il mourut pauvre à soixante ans, dans un hospice; cependant il avait de hauts et puissants seigneurs pour amis; il avait été échevin de la cour de justice en la ville de Liége; mais de tout temps l'artiste c'est la cigale chanteuse qui s'enivre aux beaux jours des rayons et des parfums de la vallée: l'hiver la surprend sans gîte et sans pain.

III.

Franc Floris, Wilhelm Key, Hubert Goltzius, sont sortis de l'atelier de Lambert Lombard, presque

---

[1] Selon Lampsonius, il forma une nombreuse école de gravure qui répandit le goût de l'antique dans tous les ateliers flamands et hollandais.

convaincus par la parole du maître, mais non entraînés par son exemple.

Quand Franc Floris se reconnut peintre, vers 1535 (il était né à Anvers en 1521), on était à ce point radieux et fertile de la renaissance où toutes les nobles races s'étaient mêlées dans une union à la fois sympathique et forcée, où le génie pouvait enfin puiser à toutes les traditions. L'art, partout épanoui, partout couronné, marchait en pleine lumière, éclairé par la gloire des maîtres de Cologne, de Bruges, de Nuremberg, de Leyde, de Florence, de Rome et de Venise. Franc Floris fut un de ces artistes féconds qui reflètent toutes les nuances éparses; mais ce Flamand habillé en Florentin, le regard élevé au ciel comme les rêveurs d'Albert Dürer, le souvenir perdu dans le monde idéal de Raphaël, les lèvres rouges et ardentes aux passions comme les lèvres qu'avaient touchées les épaules frémissantes de quelque signora vénitienne peinte par le Titien, conservait bien toutefois le caractère de son pays.

La famille de Franc Floris tout entière devait s'épanouir dans les arts. Son père, Cornille de Vriendt, humble tailleur de pierre, était né sculpteur et architecte; son oncle, Claude Floris, était un excellent sculpteur sur pierre et sur bois; son frère, Cornille, réalisa le rêve du père, qui n'avait pas eu le temps de cultiver son génie : Cornille fut sculpteur et architecte; on lui doit les plus beaux édifices d'Anvers, l'Hôtel-de-Ville, l'Ooster-Huys et autres petits monuments du xvie siècle. Ses deux autres frères se nommaient Jacques et Jean : Jacques fut un bon peintre sur verre, Jean un potier de génie, le Bernard de Palissy des Pays-Bas. En outre, Franc Floris eut deux fils, un peintre et un miniaturiste ou imagier. Ainsi, à elle seule, la famille pouvait bâtir un palais et l'animer à l'intérieur comme à l'extérieur de toute la magie des arts : les sculptures, les fresques, les verrières, les tableaux, les crédences, les dressoirs, les faïences, le livre à images. Mais la puissante famille se dispersa comme les oiseaux au sortir du nid; l'un mourut en Espagne, l'autre en Italie; Franc Floris seul revint mourir à Anvers, à peine âgé de cinquante ans.

Franc Floris fut sculpteur jusqu'à vingt ans sous la direction de son père et de son oncle; mais, étant à Liége et visitant Lambert Lombard, il se reconnut peintre et abandonna le ciseau pour la palette. Dès le même jour, il peignit dans l'atelier de ce maître. La transformation ne fut pas longue à s'accomplir; le jeune sculpteur, né coloriste, était depuis longtemps familiarisé avec la noblesse des formes et la pureté des contours; il peignit du premier coup sans hésitation. Lambert Lombard fut émerveillé de cette soudaine métamorphose. Dans le même atelier, Franc Floris eut pour condisciples Wilhelm Key et Hubert Goltzius, qui, plus tard, devinrent célèbres comme lui. Lambert Lombard, voyant que Franc Floris l'imitait au point de le tromper lui-même, lui conseilla « d'aller boire dans un autre verre. » Franc Floris partit pour Rome, où l'attirait la grande image de Michel-Ange. A Rome, il dessina à la sanguine, d'une touche libre et fière, la plupart des œuvres du peintre de la chapelle Sixtine. Il revint d'Italie à Anvers, où l'on admira bientôt son dessin moelleux, le goût nouveau de ses compositions, le génie qu'il montrait à fondre harmonieusement les principes de toutes les écoles. Il reçut alors la visite de son maître qui l'accusa devant ses élèves d'avoir dérobé son génie. C'est l'histoire d'Appollodore et Apelles.

Comme Franc Floris était homme d'esprit aussi bien que grand artiste, il fut recherché par le prince d'Orange, les comtes de Horn et d'Egmont, par tous les grands seigneurs du pays. Il se maria et acquit rapidement une fortune inespérée ; mais, quand le rameau sacré de la gloire eut touché son front, quand il crut avoir gaspillé toutes les richesses de l'Art, quand il put puiser à pleines mains dans son coffre-fort, il sentit que tous les biens de la terre ne réalisaient pas son rêve. Il tomba dans un profond chagrin et ne se consola qu'avec le sang généreux des vignes de Bourgogne. Le grand et glorieux Franc Floris devint un ivrogne. « Je passe sous silence ses paris extravagants ; il ne s'enorgueillissait plus que de boire comme quatre[1]. » Au cabaret, il se

---

[1] — ARNOLD HOUBRAEKEN. — « Son ami, le poëte Coornhuert, lui écrivit une lettre en vers où il lui raconta qu'Albert Dürer lui était apparu en songe pour admirer et plaindre l'artiste et l'ivrogne. »

Il avait la réputation d'être le plus beau buveur de son siècle, et parut toujours très jaloux de la gloire qu'il s'était acquise par son intrépidité le verre à la main. Six des plus déterminés buveurs de Bruxelles vinrent exprès à Anvers pour lui proposer un défi. Quoique la partie ne fût point égale, puisqu'il s'agissait de lutter lui seul contre tous, il accepta bravement ce

disait mauvais peintre, mais bon tailleur de pierre et excellent sculpteur, comme son père et son oncle. Il le voulut prouver en faisant bâtir un palais à colonnes. Toute sa fortune y passa. A mesure que l'âge venait, il se croyait plus jeune, et, partant, plus fou. Au lieu de peindre pour réparer les brèches, presque irréparables d'ailleurs, de sa fortune, il s'amusait à mille enfantillages. Ainsi il peignit toute sa maison au dehors en bas-reliefs, pour imiter le bronze. Il était arrivé à peindre comme en se jouant. Il fut choisi par le conseil communal d'Anvers pour faire des arcs de triomphe à l'arrivée de Charles-Quint. En un jour, il peignit sept grandes figures personnifiant les vic-

singulier cartel, soutint le choc avec courage et mit cinq des athlètes hors de combat; le sixième lui tint tête quelques moments de plus, et finit par s'avouer vaincu. Floris se leva de table aussitôt, passa dans la cour du cabaret, où ses Élèves lui tenaient un cheval. Avant de le monter, il voulut témoigner tout le courage qu'il avait encore; il vida d'un seul trait un broc de vin, en se tenant sur un pied, et il sauta légèrement sur son cheval, qu'il fit caracoler jusque chez lui, pour montrer qu'il n'avait rien perdu de son adresse, et pour célébrer sa victoire. Floris fut aussi fier de ce triomphe que les empereurs romains l'étaient autrefois de ceux qu'ils remportaient. Il faut dire que le prince d'Orange et les plus grands seigneurs vinrent l'en féliciter.

toires de l'empereur. A l'entrée triomphale de Philippe II, il termina en un jour un grand tableau sur toile représentant *la Victoire enchaînant des vaincus*. Les divinités païennes, les muses et les nymphes lui étaient aussi familières que les graves images de la Bible. Il traitait admirablement le nu; on a beaucoup vanté ses anges rebelles et ses dieux marins[1]. Il avait de la magie dans le pinceau; quelques touches de lui sur des tableaux de ses élèves donnaient, comme par enchantement, le style et la vie. Lucas de Heere a chanté une des plus belles pages de Franc Floris. C'était un tableau à volets représentant, à l'intérieur et à l'extérieur, *la Vie de saint Luc*. « Ce tableau est très beau, vu de près; quand on le voit de loin, on y découvre de nouvelles beautés. La manière de ce peintre est inimitable[2]. » Cependant Franc Floris a laissé cent cinquante élèves, qui ont plus ou moins saisi sa manière. On cite ses deux fils, qui moururent trop jeunes; Jean Kies d'Amster-

---

[1] Cornille Coort a gravé beaucoup de planches d'après F. Floris. Entre autres estampes, on cite dix pièces d'après les travaux d'Hercule et sept pièces représentant les Arts.

[2] — Van Mander. —

dam, excellent dessinateur; Benjamin Sameling de Gand, portraitiste distingué; Broëcke d'Anvers, qui peignait bien le nu; Antoine Blocklant, artiste et gentilhomme, qui lui-même eut un élève de talent dans Mirevelt; François Manton, d'Alcmaer, peintre et graveur; Joseph de Beer, d'Utrecht, peintre religieux; mais les élèves qui font honneur à Franc Floris, et qui furent sa vraie postérité, sont Lucas de Heere, les Porbus, les Franck et Martin de Vos.

Franc Floris fut surtout un peintre de transition. Quoique sa manière fût hardie, sa touche franche et ferme, il se révèle dans son œuvre une véritable indécision. On voit trop qu'il était préoccupé des divers caractères du génie italien et du génie flamand. Mais comme ses études avaient été fortes et sérieuses, comme il était né sous ce rayon de vie intelligente qui crée le grand homme dans l'enfant, il donna à son œuvre une individualité assez puissante pour s'élever au-dessus de tous les artistes serviles qui ne vivent que par l'imitation.

Lucas de Heere signa plus d'une fois ses tableaux du nom de Franc Floris, sur la demande de son maître, qui trouvait ainsi à les débiter avec avantage. C'est assez faire l'éloge du talent et du cœur de Lucas de Heere. Il était né à Gand en 1534. Son père, Jean de Heere, était le plus grand sculpteur de son temps; sa mère, Anne Smyters, peignait très agréablement en détrempe des tableaux imperceptibles. Selon Van Mander, « elle a représenté un moulin à vent avec ses voiles tendues : le meunier montait l'escalier, un sac de blé sur le dos; sur la terrasse, un cheval était attelé à une charrette; à l'opposite, on voyait passer des paysans. » Un grain de blé pouvait couvrir la surface de ce tableau merveilleux, qui semblait l'œuvre d'une fée [1]. Lucas de Heere eut donc d'abord son père et sa mère pour maîtres. Il passa à l'atelier de Franc Floris pour y étudier les grandes figures. Il vint en France, où la reine-mère l'accueillit avec bonne grâce et lui commanda des dessins pour les tapisseries. Il étudia dans le palais de Fontainebleau; ce fut là son voyage d'Italie. Il retourna en Flandre et s'y maria; il y peignit des

---

[1] L'art, dès sa naissance, s'était complu à ces singularités : on sait que Timante représenta un cyclope dormant sur une pièce de cuivre de la longueur de l'ongle, entouré de satyres qui lui mesuraient gravement le pouce avec une gaule.

tableaux d'église et des portraits avec une grande intelligence de dessin et de composition. C'était un peintre bel esprit [1], un savant chronologiste et un bon poëte; il a laissé une vie en vers des peintres flamands dont nous avons déjà reproduit des strophes. Mais son vrai titre en l'art d'écrire est un poëme intitulé *le Jardin de la Poésie*. Il avait fréquenté nos poëtes du XVIe siècle; il avait traduit quelques pages de Marot et de Ronsard. Il est regrettable qu'avec un vif sentiment de l'art et un excellent esprit critique il n'ait point laissé un monument durable sur les peintres flamands de la première époque. Ses strophes, il faut bien le dire, sont plutôt une nomenclature qu'une histoire.

Franc Floris avait dit de Franc Porbus : « Ce jeune homme, qui est mon élève, sera un jour mon maître. » Franc Porbus était fils de Pierre Porbus, maçon, peintre et géographe, qui vécut à Gouda et à Bruges. Pierre Porbus a peint des tableaux

[1] « Étant en Angleterre, l'amiral le chargea de lui représenter, dans une galerie, diverses nations avec leurs habillements. Il avait peint les Anglais à nu, avec toute sorte d'étoffes auprès d'eux et les ciseaux d'un tailleur, pour marquer qu'il lui serait impossible d'habiller une nation qui change tous les jours de mode. » DESCAMPS.

religieux et des paysages géographiques, n'ayant pas eu d'autre maître que la tradition des Van Eyck. Son dernier ouvrage est un portrait du duc d'Alençon, « qui passait pour le plus beau portrait du temps, » selon Van Mander. Peut-être que Franc Porbus et son fils tenaient de famille leur talent de portraitistes.

Franc Porbus devint un peintre de beaucoup de talent, mais ne dépassa ni son père ni Franc Floris, quoi qu'en disent Van Mander et Descamps. Franc Porbus, que nous jugeons un peu trop aujourd'hui comme portraitiste, était aussi un peintre d'histoire et d'animaux; il saisissait la nature avec beaucoup de force. Sa couleur était harmonieuse dans sa fermeté, sa touche était belle et franche, mais il manquait de science et de distinction dans son dessin. Un voyage à Rome, dans un temps où déjà on n'apprenait plus à dessiner qu'en Italie, eût été d'un grand secours à son talent; mais à vingt ans, au moment de partir pour le pays de Raphaël, il fut arrêté par son mariage avec la fille de Floris le sculpteur. Une ménagère flamande, quel que fût son sentiment sur les arts, ne permettait jamais à son mari de voyager. Franc Porbus, né en 1540, admis à l'académie d'Anvers en 1565, mourut en 1580, après une vie laborieuse. Outre ses portraits, il reste de lui une *adoration des Mages*, un *Martyre de saint George*, un *Paradis terrestre* où il se révèle excellent paysagiste et bon peintre d'animaux, mais sans beaucoup de caractère.

Il laissa un fils, François Porbus, portraitiste et peintre d'histoire, qui voyagea longtemps et vint s'établir à Paris. A ce nom seul de François Porbus, on voit apparaître Henri IV sous toutes les formes, armé ou sans armes, fièrement équipé pour la guerre ou galamment équipé pour l'amour. François Porbus fut un coloriste qui apporta en France le sentiment de la vérité. La Cène qui ornait autrefois le maître-autel de l'église Saint-Leu et qui est aujourd'hui au Louvre, fut une source d'études pour Le Poussin, qui ne se lassait pas d'en vanter l'ordonnance et l'effet. C'est après tout un tableau secondaire qui pèche par l'expression et le dessin; mais au premier aspect on est frappé par la force du pinceau et par la chaleur un peu outrée du coloris.

IV.

Les trois Franck étudiaient en même temps dans l'atelier de Franc Floris. Ils étaient fils de Nicolas Franck d'Herentals. Jérôme Franck voyagea en France. Henri III le retint à Paris pour son peintre ordinaire. Il avait laissé de lui une telle estime dans l'atelier de Floris, qu'à la mort de ce maître tous les élèves vinrent en corps à Paris lui demander la faveur de leur continuer les leçons de Floris. Un tel honneur sembla ne pas le toucher beaucoup, car il quitta Paris vers ce temps-là pour aller étudier en Italie. On voit que l'inquiétude, qui est le caractère du génie moderne, saisissait déjà quelques fortes natures de la renaissance. Le génie est toujours le génie, un composé d'homme et de dieu, un mélange de ciel et de terre, qui ne se trouve bien nulle part, qui passe les années à chercher sa patrie sans la découvrir. L'Italie donna du caractère au talent de Jérôme Franck. Il vint mourir à Anvers, où il laissa toute une galerie de petits tableaux composés avec beaucoup d'intelligence d'après l'Écriture sainte et l'histoire romaine[1].

Franck le Vieux ne quitta point Anvers et demeura fidèle à la manière de Floris. On ne sait rien de sa vie, qui sans doute ne fut pas très aventureuse. Entre autres pages religieuses dignes d'admiration, on remarque encore aujourd'hui, à Notre-Dame d'Anvers, un *Jésus au milieu des docteurs,* qui est sans doute son œuvre capitale.

Franck le Jeune, ou Ambroise Franck, surpassa ses trois frères. Avant lui, les Flandres n'avaient point eu de meilleur peintre d'histoire. Sa vie n'est pas plus connue que celle de Franck le Vieux. On sait que l'évêque de Tournay, protecteur de tous les artistes du temps, le retint plusieurs années en son hôtel et lui inspira ses tableaux religieux.

Franck le Vieux eut un fils, ce fut sans doute Sébastien Franck. Il est bien regrettable que l'histoire de l'Art ne puisse recueillir des documents certains sur toute cette puissante famille, qui a rempli le xvie siècle de son nom et de ses œuvres.

---

[1] Ses tableaux sont signés H.-F. Hieronimus (Jérôme) Franck.

Selon Van Mander, « Sébastien Franck s'est instruit de la peinture chez Adam Van Oort. Il trouvait son génie en peignant des batailles, des haltes et des paysages. » Nous croyons, d'après ce que nous avons pu voir de Sébastien Franck, qu'avec sa touche légère et sa couleur lumineuse il excellait surtout à représenter des assemblées galantes. Son *Enfant prodigue* attablé avec des courtisanes est un chef-d'œuvre de composition, de verve et d'expression. Il eut un fils, Jean-Baptiste Franck, qui devint célèbre par des tableaux de chevalet représentant des cabinets ornés de peintures, de bustes et de chinoiseries. Un de ces ouvrages montrait Rubens et Van Dyck jouant au trictrac dans un cabinet garni de tableaux. Non seulement Rubens et Van Dyck étaient deux portraits achevés; mais, dans les tableaux accrochés sur les murailles, on distinguait la manière des divers maîtres flamands par la composition, le dessin et la couleur. Tout en suivant les traditions de son père, Jean-Baptiste Franck avait pris pour modèles les deux illustres Anversois. Il y eut d'autres Franck, mais l'histoire, trop peu inquiète de ce nom digne de gloire, les a passés sous silence.

On sait à peine que Gabriel et Constantin furent directeurs de l'académie d'Anvers, le premier en 1634, le second en 1694. Il y eut encore Maximilien Franck; mais tous ces maîtres ont été confondus, parce que tous étaient bien de la même famille par la touche, par l'imagination et par le coloris. Voilà pourquoi nous les avons réunis à la même page de notre livre, bien que le premier soit né en 1544 et que le dernier soit mort vers 1750.

V.

Les de Vos ne sont pas en aussi grand nombre que les Franck; on n'en compte que quatre, de Vos le Vieux, Martin de Vos, son fils, Pierre de Vos, son second fils, enfin Guillaume de Vos, fils de Pierre de Vos. Mais Martin de Vos résume et surpasse son père, son frère et son neveu. Il naquit à Anvers vers 1520. Le vieux de Vos venait d'être reçu à l'académie; il étudia d'abord dans l'atelier paternel. « Les attentions d'un père pour un fils qui embrasse sa profession, sont plus vives

et plus soutenues que celles d'un maître étranger;
la véritable mère a plus de soin de son enfant
qu'une nourrice [1]. » Il ne tint pas au vieux de Vos
que son fils ne sortît de chez lui avec tout le génie
de la peinture, mais le maître n'était pas à la hauteur du père; les exemples n'étaient pas dignes
des préceptes. Le vieux de Vos avait le talent que
donnent l'étude et la patience, mais il n'avait jamais vu tomber sur sa palette ce rayon de génie
qui illumine l'œuvre des grands peintres. La jeunesse est cruelle : Martin de Vos quitta l'atelier de
son père pour entrer dans celui de Franc Floris.
En peu d'années, il y fut reconnu le premier disciple. Dès qu'il ne trouva plus à lutter avec ses
camarades, il pensa à chercher ailleurs de nouvelles victoires. Il partit pour Rome, où il étudia
longtemps; de Rome il alla à Venise, pour admirer l'œuvre du Titien sous le soleil qui avait inondé
sa palette. Il se présenta à l'atelier du Tintoret, lui
demandant ses conseils. Le Tintoret devint son
ami plutôt que son maître; il l'employa bientôt à

---

[1] — DESCAMPS. — Mais avec un maître étranger l'élève a plus de liberté; or, c'est la liberté qui fait le génie.

peindre les paysages de ses tableaux. Tout en imitant le Tintoret, Martin de Vos garda un caractère original; c'était la même manière, mais avec moins de science et plus de naturel, moins de style et plus de vérité. Il devint célèbre à Venise; mais la gloire ne touche point le cœur loin du pays natal : Martin de Vos revint à Anvers où il peignit de grandes pages pour toutes les églises de la ville; d'après les archives de l'académie, il y fut admis avec éclat en 1559. Il mourut vieux et riche, laissant en très grand nombre des tableaux et des disciples. Parmi ses œuvres, on cite une *Adoration des Mages*, une *Nativité*, un *Combat de Naïades*, une *Noce de Cana*, un *Paradis terrestre*, témoignages de la diversité de son génie[1]. Parmi ses élèves, on ne remarque guère que Koeberger.

VI.

Venceslaus Koeberger naquit à Anvers vers le milieu du xviᵉ siècle. Sans doute, il fût toujours

---

[1] La marque de cet artiste est originale : il peignait ordinairement, en petit, au bas de ses tableaux, un singe et un re-

demeuré dans cette ville, près de Martin de Vos, qui l'aimait comme son fils et qui lui voulait donner la main de sa fille; mais Koeberger était éperdument amoureux de mademoiselle de Vos, qui, malgré les prières de son père, ne voulut jamais se décider à devenir la femme de Koeberger. Le jeune peintre partit désespéré pour l'Italie. Il se consola; car, à peine débarqué à Naples, il se prit d'un grand amour pour la fille d'un peintre flamand [1]. Il avait cru retrouver son amour perdu. Cette fois on daigna l'écouter et lui répondre. Une fois marié, il accepta Naples pour sa patrie. Cependant il avait laissé à Anvers les premières révélations d'un beau talent. Ses amis d'enfance, ses camarades d'atelier, gardaient pieusement son souvenir; ils lui écrivirent qu'il manquait à la gloire de l'académie d'Anvers. Il ne voulut pas revenir, mais il leur envoya un magnifique tableau représentant *Saint Sébastien avant*

---

nard, assis et se regardant l'un l'autre, entre lesquels il mettait un D, et au-dessous le mot *figuravit*. La raison de cette bizarrerie est une autre bizarrerie elle-même; c'est parce que *Martin*, en flamand, signifie *Singe*, et *Vos*, Renard.

[1] Franco; peut-être était-ce un des Franck.

son martyre. Tous les Anversois vinrent en foule pour voir son tableau; ce fut un enthousiasme sans bornes. Mais l'envie, qui est de toutes les fêtes, comme la mauvaise fée du banquet, se glissa sans doute parmi les admirateurs de Koeberger; car deux belles têtes de femmes, qui étaient peintes sur le devant du tableau, disparurent un jour « comme par sortilége; on n'a jamais pu découvrir l'auteur de cette mutilation [1]. » Cependant, en Italie, Koeberger était devenu non seulement un grand peintre, mais encore un poëte distingué, un savant antiquaire et un habile architecte. Toujours désiré par ses amis, il finit par revenir à Anvers, mais il ne fit qu'y passer; l'archiduc Albert d'Autriche l'appela à Bruxelles et le nomma son peintre ordinaire. On ignore l'époque de sa mort. Il mourut très vieux, à en juger par un de ses portraits où il est représenté sous l'aspect d'un cardinal : il porte une longue barbe et incline le front sous la pensée.

---

[1] Houbraeken en renvoya le tableau à Koeberger, qui répara l'outrage. Ce *Saint Sébastien* est aujourd'hui à Notre-Dame d'Anvers.

VII.

Lucas de Heere est surtout célèbre par son disciple Karel Van Mander, qui fut le premier historien de l'art flamand et hollandais. Van Mander naquit à Maulebecke, au voisinage de Courtray, en mai 1548. Presque tous les peintres de son pays ont vu la pauvreté sourire tristement à leur berceau; Van Mander fut salué par la fortune. Il y avait des évêques et des ambassadeurs dans sa famille. On le destina aux belles-lettres. Il étudia la langue latine, source intarissable de doctes inspirations, et la langue française, qui déjà comptait avec orgueil des poëtes, des historiens, des philosophes. Comme Van Mander révélait autant d'instinct pour la peinture que pour la science et la poésie, son père pria Lucas de Heere de diriger ce jeune esprit. Durant toute sa vie, soit en Flandre, soit en Italie, soit en Hollande, Van Mander fut tout à la fois poëte et peintre, voulant, comme Dufresnoy, que les deux immortelles sœurs marchassent vers la même inspiration. Il composa des farces et des mystères, des comédies et des tragédies dignes de notre vieux théâtre, qui furent joués, aux applaudissements des Flandres, par des acteurs habillés par lui, avec des décors qu'il avait peints lui-même. Il avait mis en scène *le Festin de Nabuchodonosor*, *le Jugement de Salomon*, *la Ronde du Sabbat*, et autres grandes pages bibliques. En 1574, il partit pour l'Italie. Comme il était né gentilhomme, il portait noblement l'épée ; cependant il reçut l'ordre de garder son épée chez lui ; mais le pape, ayant vu un de ses paysages, lui dit : « Je vous permets de porter l'épée. » Van Mander trouva toute l'Italie en décadence. En effet, en 1575, Venise seule était digne d'elle-même, grâce à Véronèse et au Tintoret ; mais à Bologne, à Sienne, à Rome surtout, il n'y avait plus qu'une ombre de vie pour les arts. Aussi Van Mander, qui reconnut cet appauvrissement, « fréquenta plus les vivants que les morts. » Il étudia Michel-Ange, dont le style épique l'avait toujours frappé d'enthousiasme. C'était au temps où l'on voulait apprendre l'histoire du passé par son aspect matériel, par son côté visible aux yeux. On fouillait les débris du vieux monde romain. En peintre érudit, Van Mander voulut dessiner tous les fragments, tous les débris de temples et statues antiques [1] : ses trois années de passage en Italie furent donc trois années d'études. On ne cite guère de lui, pendant ce séjour, que des fresques et un tableau représentant *le Massacre de la Saint-Barthélemy*. Il était en grande amitié avec Bartholomé Spranger et Gaspard de Puglia. Il retourna dans son pays avec de précieux cartons. A peine de retour à Maulebecke, il apprit son nom à toutes les Flandres, en signant un *Adam et Ève dans le Paradis terrestre*. C'était une œuvre savante, très remarquable, surtout dans son pays, par une religieuse sollicitude pour la ligne.

Il venait d'épouser une jolie fille de Maulebecke; il croyait que des jours de joie amoureuse et d'étude poétique allaient lui tomber doucement du sein de Dieu; mais celui qui répand les fleurs et les rayons souffle aussi les orages et les tempêtes : la guerre vint chasser rudement Van Man-

---

[1] « Quelques auteurs lui attribuent même l'honneur d'avoir découvert le premier l'existence des Catacombes à Rome. » Van Hasselt.

der et sa femme de la maison où ils avaient rêvé
le bonheur pour longtemps. Déjà il était presque
ruiné par les ravages des Malcontents, qui déso-
laient les châteaux et les villages, quand il se
résigna à demander un abri à une grande ville.
Un jour d'hiver, il mit son atelier, toute sa fortune, sur une charrette, et partit résolument avec
sa femme, l'épée à la main, conduisant lui-même
les chevaux à travers les dangers de la guerre et
des chemins perdus sous la neige. A peine en
route, il fut attaqué par une bande de Malcontents dégénérés en voleurs de grands chemins. Il
résista vaillamment; mais on le désarma, on le
jeta sur la neige, ou lui lia les mains sur le dos;
sa femme sanglotait et priait Dieu. Les bandits
lui proposèrent de choisir un supplice pour son
mari; elle les supplia au nom de leur mère :
il y a des hommes qui n'ont jamais eu de mère.
Comme ceux-là étaient au pied d'un arbre, ils
résolurent que Van Mander serait pendu sans plus
tarder, se réservant de décider plus tard sur la
destinée de la jeune épouse agenouillée dans la
neige, plus belle que jamais dans sa pâleur et dans
ses larmes. Les chefs de la bande passèrent la

corde au cou du peintre exaspéré, qui luttait vainement : il fut pendu en bonne forme. Déjà les Malcontents s'amusaient de ses grimaces, quand Dieu, voulant conserver un grand artiste qui n'était qu'au commencement de son œuvre, lui envoya comme par miracle un secours inespéré. Van Mander allait expirer, emportant au ciel la voix suppliante de sa femme, quand un cavalier passa sur le chemin. Ce cavalier, Van Mander l'avait connu à Rome ; il le reconnut : — *Fratel mio*, dit-il d'une voix mourante. — *Mio Carlo !* s'écria l'étranger en mettant pied à terre et en s'élançant vers son ami expirant. Quelques secondes plus tard, c'en était fait de l'historien des peintres flamands et hollandais. Van Mander arriva à Bruges vêtu comme un pauvre, sans asile, sans trouver de quoi acheter une toile, une palette et des pinceaux. L'amitié l'avait sauvé de la corde, l'amitié le sauva de la faim ; mais à peine respirait-il, à peine voyait-il un sourire dans les yeux de sa femme, qui veillait auprès d'un berceau, que la peste se répandit à Bruges. Il voulut fuir cet autre ennemi, contre lequel son épée ne pouvait rien. Il s'embarqua pour la Hollande ; il était d'ailleurs attiré à

Harlem par Henri Goltzius et Cornille Korneliszen. Il se fixa dans cette ville, où il ouvrit une académie de dessin et de peinture. Il fut un des réformateurs du goût hollandais, qui n'était plus contenu par Schooreel et Hemskerke. On s'abandonnait déjà trop à l'imitation servile de la nature : il ramena les nouveaux venus aux principes de l'étude et de la tradition. C'était un excellent maître : il savait dire, il savait faire. Il avait le génie abondant et varié, il passait sans effort de l'histoire profane à l'histoire sacrée, des tableaux de fleurs aux *paysanneries*, flottant, sur ce dernier point, entre Breughel le Drôle et David Teniers.

Il n'abandonna jamais la poésie écrite : il ne se contentait pas des poëmes de la palette; il composa cinq mille vers sur la peinture, une explication des *Métamorphoses* d'Ovide, une traduction de l'*Iliade*. Tous ces ouvrages, il les imprimait surtout en vue de son école, qu'il voulait initier au monde poétique des Grecs et des Romains, qu'il voulait instruire dans les préceptes consacrés. Mais son titre immortel à la reconnaissance de sa patrie, c'est l'histoire des peintres de l'antiquité, des peintres italiens, de ceux de Flandre et de Hollande[1]. Nous qui écrivons avec son livre à la main, nous saluons ici avec respect son érudition et son sentiment poétique, comme déjà nous l'avons salué dans ses tableaux, comme nous le saluerons encore dans ses élèves[2]. Il mourut en mai 1606, à Amsterdam, où il s'était fixé depuis peu de temps. Sa femme et ses sept enfants assistèrent à ses funérailles. « Il fut couché, la tête couronnée de lauriers, dans la vieille église d'Amsterdam, avec une pompe extraordinaire. Presque tous les écrivains de la Hollande le célébrèrent dans leurs vers; et les odes, les élégies et les sonnets qu'ils écrivirent sur sa mort forment un volume qui fut imprimé à Harlem en 1609. »

VIII.

Hubert Goltzius, comme Van Mander, étudia les

---

[1] Le *Schilder Roeck*. « C'est la source la plus riche qui nous soit parvenue sur les maîtres flamands et hollandais qui vécurent jusqu'en 1603. » Van Hasselt.

[2] Le meilleur fut Franz Hals. On cite, parmi les bons, Molhero, Maertens, Enghelsen, Krins, Gerretz, Venant et Carle Van Mander, son fils.

belles-lettres et les beaux-arts. Il partagea sa vie entre la plume et le pinceau. Un de ses historiens dit qu'il eut les talents, les vertus et les chagrins domestiques de Socrate. Socrate n'eut qu'une mauvaise femme; Hubert Goltzius en eut deux.

Cet homme remarquable naquit à Venlo vers 1521, et mourut à Bruges en 1583. Sa vie fut des plus laborieuses; il étudiait comme un bénédictin; il avait une imprimerie dans son atelier. Il commença par publier un grand volume renfermant la *Vie des Empereurs romains,* accompagné de portraits d'après les médailles du temps. Il se traduisit lui-même du latin en flamand et en allemand. Il publia ensuite *les Fêtes et les Triomphes des Romains,* depuis la fondation de Rome jusqu'à la mort d'Auguste, accompagnés de médailles gravées par lui-même. Le sénat de Rome le reconnut noble citoyen romain. Il publia encore l'*Histoire des Grecs et la Description de leurs villes.* Tous ces grands ouvrages portèrent en triomphe dans tous les pays savants le nom de Hubert Goltzius. Bien que ses historiens affirment qu'il peignit beaucoup, ils ne citent de lui qu'un portrait de moine et un tableau exécuté pour la Maison d'Autriche; *la Conquête de la Toison d'or.* Chez lui la science étouffa le génie naïf.

Il y eut toute une famille du nom de Goltzius [1]. « Les grands-pères et les oncles de Henri Goltzius étaient tous savants ou peintres, témoin Hubert. » Jean Goltzius, père de Henri, était un excellent peintre sur verre : il donna à son fils les premières leçons. Henri Goltzius devint un des meilleurs peintres et graveurs de son siècle. Le fameux

---

[1] Un des Goltzius périt au passage des Apennins, dans cette armée sanglante du duc d'Albe qui, dans sa course vers le carnage, rappelait la terrible phalange des Lacédémoniens L'artiste, follement épris d'une courtisane, la suivait parce qu'elle voulait suivre d'autres amants.

Le duc d'Albe, laissant son armée s'enivrer de toutes les voluptés des milliers de courtisanes italiennes, qu'il couvrait de sa protection tacite, suivaient ses drapeaux. Pendant le passage même des Apennins, où la cherté des vivres le força de réduire ses troupes au plus petit nombre possible, il aima mieux avoir quelques régiments de moins, que de laisser en arrière ces instruments du plaisir.

La marche bachique de cette armée contrastait singulièrement avec la gravité et la sainteté du prétexte de l'expédition. Le duc d'Albe allait combattre les infidèles du Nord. Le nombre de ces filles de joie *à la suite* était si considérable, que le besoin leur suggéra l'idée de se soumettre volontairement à une discipline particulière. Rangées sous des fanions et des bannières décorées d'emblèmes et de signes analogues à leur profession, elles marchaient dans un ordre burlesquement militaire après chaque bataillon, observant rigoureusement une hiérarchie dont

Coornhert, surpris de son talent instinctif à manier la pointe, l'employa non point en écolier, mais en maître. Jeune et déjà célèbre, il fut atteint du mal d'Italie; mais il s'était marié, il se devait à sa jeune famille. Cependant ce mal d'Italie fut si violent, qu'il en tomba dangereusement malade et fut abandonné par les médecins. « Eh bien ! dit-il un jour résolument en descendant de son lit comme un spectre, puisqu'il faut mourir, je veux mourir à Rome. » Malgré les représentations de ses amis et de sa femme, il partit, recommandant à ses élèves de travailler comme s'il était toujours là. Il s'embarqua à Amsterdam; il allait déjà mieux. En arrivant en Italie, il respira la santé, il reprit racine dans la vie, il se sentit plus fort que jamais. Il étudia d'après l'antique et revint à Harlem continuer son œuvre. Le laborieux artiste retomba malade; il lui fallut se condamner au lait de chèvre et bientôt au lait de femme : il vécut trois ans à

---

les degrés étaient marqués par le prix qu'elles mettaient à leurs faveurs. On les distinguait en filles de général, filles de capitaine, filles de soldat riche, filles de soldat pauvre, et elles changeaient de grade suivant les caprices de la fortune.
SCHILLER.

ce régime. Il était arrivé à sa dernière heure, de l'avis de tous les médecins du pays; une seconde fois il secoua les ombres qui s'étendaient sur lui, descendit de sa couche presque funèbre et se remit à voyager. A force de vouloir vivre, il vécut jusqu'à cinquante ans (1558-1607).

Passionné pour la gravure, il ne commença à peindre qu'à quarante-deux ans; il n'en laissa pas moins beaucoup de tableaux. Quoiqu'il se complût trop à l'esprit du détail, il avait l'art de saisir par l'effet. Comme son père, il peignit d'admirables verrières pour les églises de Hollande. Mais son talent se révèle surtout à un très haut degré dans la gravure. Il fut digne, par sa science et son style, de recueillir l'héritage d'Albert Dürer et de Lucas de Leyde. Il grava le plus souvent d'après Hemskerke, Franc Floris et Spranger. On cite parmi ses élèves Jacques Mastran, de Gheyn et Pierre de Jode.

IX.

Bartholomé Spranger, bien que né à Anvers, doit être revendiqué par les Italiens et surtout par les Allemands. Il étudia cependant la peinture à Harlem sous Mandyn et Mostaert. Mais il fallait à son génie de plus vastes horizons : il passa en France, où il ne trouva pas une seule école digne de lui. A Paris, il peignit chez Marc; mais comme Marc le voyait charbonner tous les murs de sa maison, il lui conseilla d'aller chez un peintre dont les murs fussent immaculés. Il partit pour l'Italie, où le cardinal Farnèse lui offrit un atelier dans son hôtel. Le pape Pie V, ayant vu les beaux paysages à fresque peints par Spranger dans la maison de campagne du cardinal, le nomma son peintre et le logea au Belvédère. Spranger peignit sous les yeux du pape un *Jugement dernier* où on comptait plus de cinq cents têtes. C'était une œuvre immense, digne en tout point d'un grand artiste. A la mort du pape, Spranger fut appelé à Vienne par l'empereur Maximilien II; il demeura à la cour jusqu'à sa mort, tantôt à Prague, tantôt à Vienne. Son atelier était dans l'appartement même de l'empereur, qui cherchait une distraction intelligente dans la conversation de l'artiste. Il lui accorda la noblesse pour lui et pour ses descendants. En présence de toute la cour, au milieu d'une fête, il lui passa au cou une chaîne d'or à trois rangs, avec prière de la porter toute sa vie. Cependant Spranger, au milieu de ses triomphes et de sa fortune, n'avait pas oublié son pays. L'empereur, le voyant triste un jour, lui demanda ce qui manquait à son cœur. « Il y a trente-sept ans, dit Spranger, que je n'ai vu mon pays. » L'empereur lui donna mille florins et lui dit d'aller en Flandre et en Hollande. Le beau temps pour les arts et pour les artistes ! Spranger fut reçu dans toutes les villes comme un triomphateur. « Partout sa renommée marchait au devant de lui : à Amsterdam, les magistrats lui présentèrent le vin d'honneur[1]. » La chambre de Rhetorica salua son passage par une pièce composée et représentée pour lui, *les Honneurs de la Peinture*. Mais les joies de ce monde sont comme les morts de la ballade, elles vont plus vite que le vent. A son retour, Spranger perdit sa femme ; il avait des enfants, tous suivirent bientôt leur mère. Le pauvre peintre se trouva seul en face de la vieillesse, seul pour mourir. Mais, s'il ne laissait pas d'en-

---

[1] *Les Belges illustres.*

fants pour hériter de sa noblesse et de sa fortune, il laissait des œuvres durables : les œuvres de l'artiste sont souvent sa vraie famille.

X.

Il y aurait encore plus d'un peintre à étudier ici.

Jean d'Ypres qui se tuait d'un coup de couteau en 1563, parce que sa femme était trop belle et qu'il était trop vieux, était un artiste doué de hautes qualités. Il y avait dans sa manière savante et hardie trop de réminiscences de celle du Tintoret. Son *Jugement dernier* et sa *Résurrection* lui ont valu les éloges de Van Mander.

Parlons aussi de la famille des Van Cleef. Le premier du nom, Wilhelm Van Cleef, a laissé des Vierges et des anges d'une couleur chaude dans le style italien. Van Cleef le Fou, le contemporain de Moro, a laissé quelques pages religieuses et quelques bacchanales où l'on remarque du style et de la couleur : l'orgueil avait amené sa folie; il se croyait plus grand que Titien; à la fin, ne trouvant personne de son opinion, sa folie devint furieuse, il ne voulut plus peindre que sur ses habits; aussi est-il plus célèbre aujourd'hui par cette extravagance de peindre son pourpoint, son haut-de-chausse et son feutre à plumet, que par son talent. Il y eut encore Henri Van Cleef, qui peignait des paysages dans les tableaux de Franc Floris avec beaucoup de légèreté et d'harmonie; Martin Van Cleef, qui excellait à peindre les petites figures. Celui-ci laissa quatre fils qui tous furent des peintres distingués.

Jean Lys avait une passion sérieuse pour les grâces de l'antique; il avait profondément étudié, mais sa main était rebelle aux inspirations de la science. Ses fêtes galantes, ses triomphes de Bacchus, ne sont que des travestissements de la mythologie à la manière du Basan. Il passa sa vie à voyager et à voir plutôt qu'à peindre. Ce qui reste de ses tableaux religieux trahit assez une vigoureuse nature tempérée par beaucoup d'esprit; il mourut de la peste en 1629, âgé d'environ 50 ans.

XI.

Wilhelm Key, condisciple de Franc Floris, étudiait avec le souvenir des tableaux de Cocxie. Parlant de ces trois maîtres, Dominique Lampsonius dit que « il faut les comparer à trois musiciens, dont chacun exécute avec perfection sa partie dans un beau trio. » Il n'est peut-être pas inutile de remarquer encore que messire Lampsonius écrivait ses jugements en vers.

Wilhelm Key, né à Bréda vers 1520, reçu à l'académie d'Anvers en 1540, mourut dans cette ville en 1568. Il avait étudié à Liége sous Lambert Lombard. Dès qu'il s'établit à Anvers, il y fut recherché et commença sa fortune. Homme assez simple au fond, il aimait le faste et vivait en grand seigneur. Au XVIe siècle, l'art était la noblesse. On admirait la maison et l'habit de Wilhelm Key comme d'un goût fort pittoresque ; il trônait assez royalement dans son atelier. Il ne daignait faire le portrait que des hommes célèbres par l'éclat des armes, de la science ou de la magistrature. Le duc d'Albe l'appela en son hôtel pour son portrait. Pendant qu'il peignait cette figure tourmentée d'idées sinistres, le duc d'Albe parla sans détours avec les juges criminels du supplice du comte d'Egmont et du comte de Horn. Le peintre n'eut plus la force de tenir son pinceau ; il dit au duc qu'il reviendrait le lendemain, mais il ne revint pas : la frayeur d'un pareil assassinat l'avait frappé au point qu'il se coucha à son retour chez lui et ne se releva plus. « Il mourut le jour même de l'exécution du comte d'Egmont et du comte de Horn; d'autres disent même qu'il mourut de frayeur en voyant la physionomie du duc d'Albe[1]. »

---

[1] Hagedorn dit que Wilhelm Key mourut devant l'échafaud sanglant, au milieu de la foule.

A cet instant, le comte d'Egmont serrant les dents avec fureur, jeta son manteau et sa robe de chambre et s'agenouilla sur le coussin pour faire sa dernière prière. L'évêque lui présenta le crucifix à baiser et lui donna l'extrême-onction ; le comte lui fit signe de le laisser, puis, abaissant sur ses yeux un bonnet de soie, il attendit patiemment le coup. Un drap noir fut aussitôt jeté sur le corps et sur le sang qui en jaillissait.

Tout Bruxelles, pressé autour de l'échafaud, ressentit le coup qui le frappa. Des sanglots, des gémissements interrompirent le silence profond qui avait régné d'abord. Le duc lui-même, qui d'une fenêtre avait vu l'exécution, parut verser quelques larmes.

On amena bientôt le comte de Horn. Celui-ci, naturellement plus violent que son ami, et plus indisposé contre le roi, avait entendu sa condamnation avec moins de résignation, bien qu'elle fût en quelque sorte moins injuste à son égard.

En marchant à l'échafaud, il salua plusieurs de ses connaissances ; il avait les mains libres comme d'Egmont, un pourpoint et un manteau noirs, il était coiffé d'un bonnet milanais de

Wilhelm Key n'était pas né avec le génie de Franc Floris; il n'avait pas cette noble fierté de touche, cette belle et féconde imagination que nous avons admirée dans son condisciple; mais, avec moins de feu, il avait plus de gravité; s'il trouvait moins vite, il jugeait plus sainement[1]. Avec une palette moins riche, il avait un pinceau plus moelleux.

Tout en demeurant fidèle aux principes que

---

la même couleur. Une fois sur l'échafaud, il jeta les yeux sur le corps que couvrait le drap noir, demandant à ceux qui l'entouraient si c'était le corps de son ami. Comme on lui répondit affirmativement, il se débarrassa de son manteau et s'agenouilla. Il s'éleva de toute part un cri d'horreur quand il reçut le coup fatal.

Les têtes des deux comtes furent exposées au haut des perches élevées sur l'échafaud; elles y restèrent jusqu'à trois heures de l'après-midi; ensuite on les enleva, ainsi que les corps, et on les mit dans un cercueil de plomb.

Malgré tous les suppôts de la tyrannie espagnole qui entouraient l'échafaud, c'était à qui des habitants de Bruxelles tremperait son mouchoir dans le sang des deux victimes; chacun ensuite pressait avec respect cette relique sacrée et l'emportait tristement chez soi. SCHILLER.

[1] « Wilhelm Key, de Bréda, homme de sagesse, de gravité et de jugement. Key imita fidèlement la nature; il se distingua en outre par le bon goût de ses inventions et la suavité de son coloris. S'il ne brille pas avec autant de facilité et de vigueur que Franc Floris, il n'est pas moins, à bon droit, regardé comme un maître excellent. » VASARI.

Cocxie et Lombard avaient puisés en Italie, à force de faire des portraits, il se retrempa souvent dans le naturalisme ; peut-être même fut-il un de ceux qui ont contribué à étouffer les traditions étrangères. Nous allons assister à cette lutte toujours vive de l'Art national contre l'importation italienne. L'esprit du protestantisme a envahi les Flandres ; il éteint les dernières flammes de l'inspiration chrétienne. Pourquoi aller encore en Italie imiter sans foi les chefs-d'œuvre créés par la foi ? Les morts sont couchés pour jamais dans leurs tombeaux de marbre ; on aura beau leur souffler la vie, ils ne renaîtront pas.

VI.

SECONDE PÉRIODE DE L'ART NATIONAL.

AERTGEN.—CLAEYSSENS.—MOSTAERT.
BLOEMAERT. — AERTSEN.
BEUCKALAER.—BACKER.—CORNELIS.—LASTMAN.
PINAS.—SCHOOETEN.

Pendant que Franc Floris et ses cent cinquante disciples allaient puiser leur génie à toutes les sources, en Italie, en Allemagne, en France et en Hollande, quelques hommes bien doués, plus franchement épris de la palette ardente et de la vérité naïve que de la poésie chrétienne, plus amoureux des vierges en sabots des Pays-Bas que des madones de Raphaël, continuaient avec une robuste ferveur l'œuvre des Van Eyck et d'Ouwater. La tradition de l'école primitive était une flamme qui pâlissait de jour en jour sous le rayonnement italien, mais plus d'un artiste fier du génie national trouvait devant cette flamme assez de lumière encore pour éclairer ses panneaux d'un éclat immortel.

Aertgen ou Klaesson peignit, avec un accent original, dans la manière de Schooreel et d'Hemskerke aussi bien que dans la manière de Cornille Engelbrechtsen, qui fut son maître. Il naquit à Leyde en 1498, et mourut dans la même ville, âgé de soixante-six ans. Il eut toujours plus d'esprit que de science. C'était un bonhomme, qui eût été désolé de devenir un artiste célèbre. Il peignait par plaisir, pour gagner gaiement sa vie, et non pour l'appât de la gloire. Il empruntait tous ses sujets à l'Ancien et au Nouveau-Testament; il allait vite en besogne. Franc Floris disait qu'Aertgen eût escaladé le ciel sur ses œuvres. Il groupait ses figures avec beaucoup d'art, il composait du premier coup et ne retouchait jamais : aussi manque-t-il d'harmonie et de correction. Ce qui faisait son caractère, c'était la vérité naïve, souvent brutale, avec un certain air grandiose. Franc Floris, allant à Delft, s'écarta de sa route pour voir Aertgen. On lui indiqua une petite maison sur les remparts. Il n'y trouva point Aertgen, mais ses élèves, qui l'introduisirent dans un grenier. Franc Floris se découvrit et s'écria : « Quoi ! c'est là l'atelier d'un si grand peintre ? » Il prit un charbon et traça sur la muraille la tête de saint Luc, une tête de bœuf et les armes de la peinture, après quoi il salua les toiles ébauchées et poursuivit sa route. A son retour à l'atelier, Aertgen reconnut la main d'un maître dans les lignes hardies de Franc Floris ; il se découvrit à son tour et s'écria : « Franc Floris est venu ici, car lui seul a pu tracer ces figures. » C'est la vieille histoire d'Apelles et de Protogène [1].

---

[1] Protogène vivait à Rhodes ; sa renommée parvint jusqu'à Apelles, qui conçut le dessein d'aller voir lui-même le peintre et les ouvrages dont on lui rapportait tant de merveilles. Il s'embarqua pour Rhodes, et, dès qu'il y fut arrivé, il courut avec empressement chez Protogène ; mais n'y trouvant qu'une vieille esclave qui gardait l'atelier de son maître et un tableau monté sur le chevalet, où il n'y avait encore rien de peint : « Dans quel endroit est Protogène ? demanda-t-il à cette femme, qui ne le connaissait pas.—Il est sorti, répondit-elle ; mais afin que mon

Franc Floris rencontra plus tard Aertgen et lui fit des remontrances sur sa manière de vivre, car

maître sache qui l'a demandé, ayez la bonté de laisser votre nom. — Le voici, » dit Apelles. Prenant alors un des pinceaux qui étaient là, avec un peu de couleur, il dessina sur le tableau, où l'on ne voyait encore rien de tracé, les premiers linéaments d'une figure : après quoi il s'en alla. Protogène, étant de retour, fut enchanté des traits qu'il vit dessinés. « C'est Apelles, s'écria-t-il ; car il n'y a que lui au monde qui soit capable d'un dessin de cette finesse et de cette légèreté » Piqué d'une noble émulation, Protogène prit le pinceau, et, avec une autre couleur, il essaya de l'emporter sur ce nouveau rival, en décrivant d'autres contours encore plus corrects et plus délicats que ceux d'Apelles ; puis il ordonna à la vieille esclave, au cas que le peintre reparût, de lui montrer ce qu'il venait de faire, et de lui dire en même temps *que c'était là l'homme qu'il cherchait.*

Apelles revint en effet ; et, ne voulant pas qu'il fût dit qu'il eût été surpassé dans les premiers principes de la peinture, il reprit le pinceau, et, avec une couleur différente des deux autres, il conduisit des traits si savants et si merveilleux, parmi ceux qui avaient été tracés, qu'il épuisa toute la subtilité de l'Art. Protogène, étant rentré chez lui, n'eut pas plutôt distingué ces derniers traits, qu'il s'écria : « Je suis vaincu, et je cours embrasser mon maître. » Il vola au port où, ayant rencontré son rival, il lia avec lui une amitié sincère qui ne se démentit jamais.

Pline, qui raconte cette histoire, nous assure que ces deux excellents peintres convinrent entr'eux de laisser toujours dans le même état le tableau qui leur avait servi à se connaître, sans jamais y toucher, prévoyant bien qu'il ferait un jour l'admiration de la postérité, quoiqu'il n'offrît aux yeux que les seules ébauches du dessin. Ce tableau, transporté à Rome longtemps après, étonna en effet tous les Romains jusqu'au temps d'Auguste, où il périt malheureusement dans un incendie qui consuma le palais de ce prince. Pline affirme qu'il a vu ce tableau

il vivait tour à tour dans un grenier et dans un cabaret. Il répondit qu'il aimait mieux sa vie ignorée dans une bicoque que celle d'un roi dans un palais. Il peignait avec volupté, jouait de la flûte pour se reposer, ou s'enivrait jusqu'à l'oubli. Les biographes disent qu'il mourut dans l'eau et dans le vin : il était ivre, il tomba dans un canal. Il fut beaucoup admiré pour ses quatre œuvres principales, un *Passage de la mer Rouge*, un *Jugement de Salomon*, une *Madeleine embrassant la croix* et un *Sacrifice d'Abraham*. Une franche originalité, on pourrait dire singularité, domine ces œuvres; il est bien de la famille des peintres qui doivent tout à leur génie et à leur pays.

On ne sait rien de l'histoire d'Antoine Claeyssens. Peut-être était-il de la famille du peintre que nous quittons. Klaesson, Claeyssens : c'est presque le même nom, c'est la même nature.

Antoine Claeyssens avec ses têtes pleines de naïveté, sa netteté de tons, son ignorance du clair-

---

et qu'il a souvent admiré la délicatesse du pinceau des deux grands peintres de la Grèce. Mais un savant, nommé Ludovicus de Montiosius, ose soutenir que Pline n'a jamais vu de lignes sur ce tableau.

obscur et de la perspective, fut un de ces artistes franchement bons et franchement mauvais qui donnent leur empreinte avec brutalité. Les tableaux d'histoire de Claeyssens sont de curieux anachronismes, témoin le *Jugement de Cambyse* avec une architecture invraisemblable et des costumes flamands. Claeyssens est un peintre du xvi° siècle qui par la patience et le hasard plutôt que par la réflexion est arrivé à une certaine élévation de talent. Les Van Eyck et Metsys ont été ses maîtres par tradition. On ne saurait nier sans injustice la puissance de ce laborieux ouvrier qui lutta corps à corps avec la nature et ne fut point vaincu par elle ; ce qui l'attirait surtout, c'étaient les sombres pages des tortures et des supplices ; on admirera toujours le *Jugement de Cambyse* et le *Supplice du juge prévaricateur*. Jamais la vérité n'a été plus horriblement saisissante que dans ce dernier tableau.

Jean Mostaert était d'une famille illustrée par l'héroïsme d'un Mostaert aux croisades et au siége de Damiette[1]. Jean Mostaert eut pour maître Jac-

---

[1] « Un jour il rompit trois sabres en combattant contre les

ques de Harlem, peintre estimable qui lui enseigna savamment la pratique, sinon le génie. Le jeune homme était de bonne famille et d'aimable figure; il fut bientôt recherché, pour sa personne comme pour son talent, par tous les grands seigneurs des Pays-Bas. Marguerite, sœur de Philippe Ier, roi d'Espagne, le nomma son premier peintre. Après avoir suivi cette princesse durant dix-huit ans, il revint, comblé d'honneurs et de richesses, en sa chère ville de Harlem, où il mena grand train, sans jamais perdre sa passion pour la peinture. Ses soupers, toutefois, étaient plus célèbres encore que ses tableaux. On soupait en belle et folle compagnie dans son atelier, qui étalait un luxe de roi et d'artiste. Né en 1499, il mourut en 1555. On citait parmi ses tableaux une *Naissance de Jésus*, un *Ecce Homo*, divers portraits, entre autres le sien, un *Festin des dieux*. Il excellait dans l'expression, recherchant d'ailleurs beaucoup plus la vérité que le caractère. C'était un peintre physionomiste, qui s'en rapportait tout simplement à la nature qu'il

---

infidèles sous les yeux de l'empereur, qui, pour marque de distinction, lui donna dans ses armes trois sabres d'or sur un champ de gueules. » DESCAMPS.

avait sous les yeux. Il ne voulut jamais entendre parler des beautés de l'antique. « Avec un tel esprit et un tel jugement, disait Van Mander, on dépasse les anciens sans les avoir vus : ainsi a fait Mostaert. » Il faut toujours en rabattre beaucoup sur l'enthousiasme des contemporains ; le bon juge est celui qui a vu s'écouler un demi-siècle sur l'œuvre soumise à son appréciation.

Abraham Bloemaert passa toute sa jeunesse à chercher un maître ; il mourut à plus de quatre-vingts ans sans en avoir rencontré un seul, ce qui sans doute donne à ses tableaux un caractère un peu étrange. Il allait d'atelier en atelier, demandant la lumière et ne trouvant que la nuit profonde. Il travailla d'abord chez Beer d'Utrecht, élève de Franc Floris, qui lui donna à copier des ustensiles de cuisine ; ensuite chez Van Heel, qui voulut faire de lui un valet de chambre ; enfin chez Wythoeck, où il trouva une ménagère jalouse, qui, pressentant son talent, lui défendit bientôt la porte de l'atelier domestique. Désespérant de son pays, Bloemaert passa en France, où maître Bassot et maître Hery lui donnèrent les exemples d'un génie médiocre. Il retourna dans son pays, résolu de peindre sans autre maître que la nature. Il surprit bientôt les amateurs d'Utrecht et d'Amsterdam par la variété de son talent; son pinceau passait tour à tour, avec la même agilité et le même éclat, du grotesque au grandiose, de *la Marchande de morue* au *festin des dieux*. L'empereur Rodolphe commença la fortune de Bloemaert en lui achetant une *Niobé* d'un beau caractère[1]. Il a laissé un grand nombre de tableaux qui sont de puissantes tentatives où déjà l'on croit pressentir Rubens. Un des premiers il abusa du maniérisme et des ressources du clair-obscur. Dans la gravure de Sornigue, la tête de Bloemaert est admirable par la noblesse des lignes comme par l'intelligence qui frappe le front et le regard. Né à Gorcum en 1567[2], il mourut à Utrecht en 1647.

Pierre Aertsen, surnommé Pierre le Long, était né à Amsterdam, en 1519, avec un génie fier et aventureux; il fut tour à tour un peintre de genre et un peintre à grand fracas, ne s'effrayant ni de

---

[1] « Niobé et ses enfants percés de flèches par Apollon et Diane, belles figures grandes comme nature. » SANDRART.

[2] Houbracken veut qu'il soit né en 1564.

l'espace ni du nombre des figures. Il étudiait à Amsterdam chez Alaert Claeyssens, portraitiste recommandable; mais sa manière large et hardie n'appartient qu'à lui-même. Il étudia aussi à Anvers chez Jean Mandyn. Il se fixa dans cette ville par le mariage. Son talent à peindre des intérieurs de cuisine fit rapidement sa fortune : on n'avait jamais été si pittoresque et si lumineux. Cependant, comme il y avait en lui un grand artiste, il se prenait quelquefois en pitié et ébauchait de main de maître une grande page religieuse. Bien qu'il fût de l'académie d'Anvers, il quitta cette ville, où il était trop connu comme peintre de cuisine, pour retourner à Amsterdam, où il ne voulut signer que des tableaux d'histoire. On reconnut son talent dans sa ville natale; pourtant on fit venir Coexie pour peindre un tableau de maître-autel. Le peintre de Malines, à son arrivée à Amsterdam, visita les églises. Quand il vit à Notre-Dame un tableau d'Aertsen représentant *la Mort de la sainte Vierge*[1], il dit avec un peu d'humeur : « Pourquoi me faire venir de si loin, quand

---

[1] « Pierre Aertsen, dit Pierre le Long, a laissé à Amsterdam,

on a un peintre de cette force? » Il partit sans vouloir travailler. Aertsen se mit à l'œuvre sur la prière de ceux qui avaient écrit à Cocxie. Sur un tableau à quatre volets, il représenta avec beaucoup de naïveté *l'Annonciation*, *la Naissance de Jésus-Christ*, *l'Adoration des Rois* et *la Circoncision*. Mais *le Martyre de sainte Catherine*, qu'il avait peint en dehors des volets, était surtout une œuvre forte et grande. Il rendait avec intelligence les

---

sa patrie, un tableau muni de volets, qui a coûté deux mille écus, et qui représente la Vierge. » Vasari.

Vasari juge à la légère, en passant, pour ainsi dire, les artistes flamands de la première et de la seconde époque. Il est vrai qu'il ne voyait guère leurs œuvres; il s'en rapportait habituellement aux détails fournis par le peintre Stradan de Bruges et par le sculpteur Bologne de Douai. Avant de dépasser l'époque où il vivait et dont il a voulu juger les artistes, reproduisons encore ces quelques lignes :

« Quelques femmes se sont aussi illustrées dans la peinture et la miniature. On cite particulièrement Suzanne, sœur de Guérard Horebout. Elle fut appelée en Angleterre par le roi Henri VIII, qui la garda à son service tant qu'elle vécut. On cite encore Clara Anna, fille de maître Seghers, médecin, et Lévina, fille de maître Simon Bénic de Bruges. Lévina alla, comme Suzanne Horebout, en Angleterre, où son talent la fit marier noblement par le roi Henri, et lui valut les bonnes grâces de la reine Marie et de la reine Élisabeth. Catherine, fille de maître Jean d'Emsen, se rendit en Espagne, et entra plus tard au service de la reine de Hongrie, qui lui assigna une forte pension. »

fonds, l'architecture et la perspective ; il drapait avec une belle tournure ; il entendait savamment le nu ; son pinceau était toujours vigoureux et chaud. Il s'essaya dans les petites scènes, mais ses kermesses et ses marchés n'étaient pas dignes de ses cuisines. Il mourut à Amsterdam, en 1573.

Joachim Beuckalaer (1530-1570), son élève et son neveu, ne parvint qu'avec beaucoup de peine à peindre avec intelligence. Il n'était pas né peintre ; pourtant, à force de copier la nature, il arriva à la comprendre, Aertsen aidant ; il finit même par alléger sa touche au point que ses tableaux semblent faits de rien, sans les ressources visibles du métier. Sa couleur est naturelle et harmonieuse. Son oncle ayant quitté Anvers, il le remplaça comme peintre de cuisine. Mais, avec un vrai talent, il eut si peu de vogue, qu'il fut obligé de se mettre à la merci d'Antoine Moro, qui le payait à raison de trente sous par jour, tout juste de quoi manger du pain et dormir sur la paille. Beuckalaer mourut jeune, sans avoir pu secouer la misère, laissant d'inappréciables petits tableaux qui ne furent reconnus excellents que quand le pauvre peintre n'eut plus besoin de rien.

Jacques de Backer ou Palermo mourut jeune aussi (1532-1562), inconsolable de laisser trop peu d'œuvres dignes de lui survivre. Il peignait avec la même ferveur naïve des Adam et Ève, des Christ et des Madeleine, des Vénus et des Junon. Ses ouvrages ont une beauté robuste et franche qui appartient à son pays. Il est cité comme un des meilleurs coloristes d'Anvers.

Cornille Cornelis, né à Harlem en 1562, commença à étudier un couteau à la main, taillant partout, sur la pierre et sur le bois, des figures de toutes les formes. Il entra chez Pierre le Long et le surpassa bientôt. Il voulut voyager en France et en Italie; mais, la peste l'ayant chassé de Rouen, il retourna vers son pays. Il s'arrêta à Anvers, à l'atelier de Franc Porbus. Les peintres de la ville admirèrent tous sa manière franche et crue. Il saisissait la nature avec des formes abruptes, mais naturelles. Il aimait surtout à peindre le nu, non d'après l'antique, mais d'après le contour flamand. Il a peint un *Déluge*, travail immense, d'une admirable composition, chef-d'œuvre par l'ensemble comme par les détails[1], où la vie éclatait sous la vérité[2]. Il a laissé beaucoup de portraits largement touchés. Il avait aussi ses jours de paresse et de fantaisie : de là nous viennent d'admirables pots de fleurs. Il mourut en 1638, « laissant un grand nom, des élèves fameux et des tableaux admirés : que pourrait-on ajouter à sa gloire[3] ?

Son principal élève, Pierre Lastman, né en

---

[1] Il peignait merveilleusement les pieds et les mains. Selon Houbraeken, il refusa soixante florins d'un pied qu'il avait peint en se jouant.

[2] « Cornille, de retour à Harlem, débuta par un grand tableau pour les Buttes des Arquebusiers ; il y avait représenté les portraits des principaux de cette compagnie ; ce tableau fut placé en 1583, l'année que Van Mander alla s'établir dans cette ville : il fut surpris de la beauté de ce tableau, et il avoua qu'il n'aurait jamais cru trouver à Harlem un peintre de cette force. En effet, dans ce chef-d'œuvre, outre les perfections de l'art, les couleurs sont excellentes, l'ordonnance belle, les mains d'un beau dessin, les expressions nobles ; ce ne sont cependant que des portraits, mais tracés par le génie propre aux tableaux d'histoire. Comme un poëte peut immortaliser sa plume par des éloges particuliers, un peintre peut éterniser son pinceau par des portraits. » Nous reproduisons gravement cette réflexion de Descamps ; on n'en trouve pas de plus profonde dans ses quatre volumes, mais on en rencontre de plus naïves.

[3] — Descamps. — Van Mander et Houbraeken ne sont pas moins enthousiastes.

1564, a été oublié par l'histoire. Son œuvre, dispersée, ne se retrouve plus. Il voyagea en Italie, où Van Mander le rencontra en 1604. Tout en étudiant les maîtres étrangers, il demeura fidèle à ses instincts et aux leçons de son maître. C'était la même franchise de touche, le même sentiment de vérité pittoresque.

Pierre Lastman avait sous sa direction, en Italie, Jean Pinas, né à Harlem vers la fin du xvie siècle, dont la manière, un peu rembrunie, a séduit Rembrandt dans ses premières années d'études. En effet les tableaux de Jean Pinas, *Joseph vendu par ses Frères* et *Suzanne au Bain*, témoignent de cet amour du sombre et du lumineux qui caractérise souvent le grand artiste de Leyde. Comme tous les peintres de son pays, Jean Pinas excellait dans le paysage. Il eut un frère nommé Jacques, qui peignit dans sa manière.

Michel Mirevelt fut un portraitiste patient et fidèle, ne cherchant son effet que dans la vérité. Son exécution est un peu douce dans ses portraits d'hommes, qui rappellent assez ceux de Holbein; c'est la même sollicitude pour la ressemblance extérieure, pour la vie à la surface. Mais

Holbein vous fait voir, par le front et par le regard, ce que le modèle avait dans l'esprit ou dans le cœur, tandis que les portraits de Mirevelt sont des hommes qui passent sans vous parler. Tout patient qu'il fût, il a laissé plus de dix mille portraits. Né à Delft en 1568, il y mourut en 1641 sans avoir voyagé. Malgré les prières de Charles Ier il ne voulut pas sortir de son pays; il faut dire que la peste était alors à Londres. Il avait commencé par manier le burin sous Weeninx ; il laissa le burin pour le pinceau et n'eut pas lieu de le regretter. Mirevelt disait à ses élèves : « La nature est comme une beauté modeste; elle ne découvre ses charmes secrets qu'à ceux qui ont assez de courage et de persévérance pour la forcer de les leur montrer. » Moreelze a été confondu avec lui. Son fameux tableau *les Oiseaux de Vénus* est d'un attrait tout panthéiste. Il représente une Vénus hollandaise qui fait jaillir sur des colombes du lait de ses seins nus.

George Van Schooten, né à Leyde en 1587, sut dessiner avant de savoir écrire; les lettres de l'alphabet n'étaient pour lui que des lignes et des contours. Sa famille s'opposa toujours à ses instincts d'artiste; il finit par convaincre son père qu'un bon peintre peut arriver honorablement à la fortune. Mais, quand il voulut voyager, ce père indomptable le fixa pour toujours à Leyde en le mariant. Van Schooten n'étudia guère que la nature de son pays; aussi ses portraits, ses assemblées populaires, ses tableaux d'histoire, ont-ils bien la saveur robuste du génie hollandais.

Si déjà l'on pressent Rubens dans Franc Floris et son école, ne pressent-on pas Rembrandt dans Aertsen, Cornelis, Lastman, Pinas et Schooten? Le génie le plus franc et le plus primesautier a toujours été fécondé par un rayon du génie des autres. Le génie n'est pas une plante sauvage qui éclot soudainement sur le sommet des montagnes vierges dont le chamois seul connaît la neige immaculée; le génie est lent, même dans sa marche la plus rapide; il habite le monde connu. Tous les grands poëtes sont nés d'un maître; Homère seul fut le disciple de Dieu.

VII.

LES BREUGHEL.

PIERRE BREUGHEL LE DROLE.
BREUGHEL D'ENFER.
BREUGHEL DE VELOURS OU DE PARADIS.

I.

Le Beau idéal a pénétré dans tous les pays; mais il est né en Grèce, sous la splendeur d'un ciel pur ; en Grèce, où la poésie n'a trouvé que des accents sublimes, où la nature, l'amante du soleil, est dans toute sa souveraine grandeur. Le Nord est surtout le pays de la rêverie. En attendant le soleil qui vient si peu, l'artiste penche son front au-dessus de l'âtre; il ne peut vivre, comme ses frères du Midi, sous ce rayon qui fait éclore les fleurs de l'âme comme les plantes de la terre; il vit en lui-même, en dehors de la nature, qui n'est trop souvent qu'une marâtre pour lui. Il évoque les songes familiers, l'esprit des légendes, les lutins du foyer, les fées du monde impossible; il peuple les solitudes, il ranime les morts au cimetière, il court au sabbat, il s'égare avec un doux et amer entraînement dans l'empire sans bornes du mystère. Où ne va-t-il pas? Il pénètre dans le paradis et dans l'enfer, que lui a dépeints le prêtre à son dernier prêche. Il confond bientôt le monde visible et palpable avec le monde des fictions : il n'y a plus de limites pour son esprit; les images qu'il a vues la veille à la fenêtre voilée ou dans la sombre église ne sont pas plus vraies pour lui que les images flottantes de sa rêverie. Sait-il qu'il rêve? Mais la vie elle-même n'est qu'un songe plus long que les autres, ni plus fou ni plus vraisemblable. Dès l'origine, la peinture flamande et hollandaise a eu ses heures de rêverie qui l'ont livrée à tous les poétiques dangers du symbole. Van Eyck dans un *Enfer*, Hemling dans *le Mariage mystique de sainte Catherine*, Metsys dans ses *Peseurs d'or troublés par des apparitions*, Bosch dans ses créations bouffonnes, Lucas de Leyde dans ses interprétations de la Bible, avaient déjà cet accent mystérieux qui éclata, au xvi⁰ siècle, dans Breughel d'Enfer et dans Breughel de Paradis. Quelques historiens ont voulu que ce nouveau caractère de l'art flamand et hollandais fût un emprunt aux écoles d'Allemagne. Pourquoi s'obstiner à dépouiller les Pays-Bas de tout génie d'initiation? Pourquoi le fantastique n'aurait-il pas pris naissance à Leyde ou à Bruges comme à Cologne ou à Nuremberg? Partout où l'imagination a fermenté dans l'ombre, il s'est levé au-dessus d'elle des images vaporeuses, des fées, des fantômes, des apparitions.

Les Breughel contrastent singulièrement entre eux, quoiqu'ils soient bien de la même famille, par la tendance au fantastique, par l'esprit du trait et le feu du coloris. Ils s'étaient partagé l'univers de cette façon : Pierre Breughel, le premier venu, avait pris la terre pour domaine; Jacques Breughel s'était emparé de l'enfer; Jean Breughel avait choisi le paradis. Le père était surnommé

Breughel le Drôle pour les scènes naïves qu'il saisissait autour de lui avec une vérité curieuse. Son premier fils fut surnommé Breughel d'Enfer pour ses diableries, et son second fils Breughel de Velours ou de Paradis pour ses guirlandes de fleurs et ses horizons tout célestes. Ces trois peintres étaient de vrais poëtes par l'imagination et la fantaisie; ils nous font assister avec beaucoup de charme, de terreur et de gaieté, aux scènes curieuses qui se jouent là-haut et ici-bas. Cette bizarre trinité ne peut-elle pas être étudiée dans un seul cadre?

Pierre, né à Breughel en 1510, prit le nom de son village, selon la coutume du temps. Son père était laboureur. Il allait à Aelst, une fois par semaine, vendre le bétail de sa cour, le grain de son champ ou les fruits de son verger. C'était un franc paysan, croyant que Dieu l'avait mis sur la terre pour la cultiver. Un jour, le hasard l'ayant conduit à l'atelier de Pierre Koeck, où se faisait peindre le seigneur de son village, il fut si émerveillé de cet art de reproduire la créature, qu'il retourna à sa chaumière dans le dessein de faire étudier la peinture à son fils. Le soir, au coin du feu, le bonhomme raconta à sa femme et à un voisin les merveilles qu'il avait vues à Aelst; il parla de Koeck comme d'un demi-dieu ou d'un sorcier qui, avec une espèce de baguette enchantée, évoquait des figures sur des panneaux. Le fils, accroupi dans un coin de la cheminée, écouta le récit de son père avec une curiosité un peu distraite. Il comptait treize ans à peine; il avait déserté les bancs de l'école de Breughel; déjà il avait donné à la terre son premier coup de bêche. Quand le père parla de l'emmener à l'atelier de Pierre Koeck, il craignit de retrouver là un autre maître d'école enseignant l'ennui; il ne consentit qu'à regret à quitter la chaumière.

Le vieux Breughel voulut non seulement faire un artiste de son fils, mais encore il paya son école en beaux et bons ducats. Il arriva ce qui doit toujours arriver quand le père pousse son fils dans les arts : le fils fut rebelle. Nul ne tient plus à son libre arbitre que l'enfant qui commence à prendre sa place au soleil; presque toujours sa première action est de donner tort à son père. Ainsi fit Pierre Breughel : après quelques mois de dégoût, il s'enfuit de l'atelier pour revenir à son village. Cependant le père de Pierre Breughel finit par avoir raison : une fois de retour à la chaumière, le disciple de Koeck se souvint de l'atelier avec un charme qui le surprit. La campagne, naguère ses délices, lui apparut sous des couleurs moins attrayantes. Il ne l'avait vue, trois mois auparavant, que comme le théâtre de ses jeux ; l'ardent travail de son père lui apprit bientôt que le plus petit héritage est arrosé de sueurs et de larmes. Il demanda à retourner chez son maître.

Pierre Koeck (1500-1553) avait imité, sous Van Orley, la manière italienne, mais son génie instinctif l'avait ramené au naturalisme des Van Eyck. Il devint surtout célèbre par son voyage en Turquie, d'où il rapporta des tableaux de mœurs d'une grande vérité. Il étudia les instincts de Pierre Breughel, dont la physionomie heureuse l'avait séduit. Voyant que son élève n'avait pas, comme lui, l'amour des grandes lignes, il lui enseigna l'art de peindre la nature flamande. Chose assez rare, le maître avait bien jugé l'élève. Pierre Breughel apprit donc de bonne heure à représenter ce qui se passait autour de lui. Sa jeunesse au village de Breughel lui fut bonne à quelque chose; elle répandit sur toute son œuvre un parfum agreste qui est plein de charme. Ayant vu partir son maître pour Constantinople, il passa à l'atelier de Jérôme Kock [1], paysagiste et graveur sur bois. Il comprit bientôt que le meilleur paysagiste à étudier, c'était Dieu dans son œuvre; il se mit en voyage pour voir la nature sous toutes ses faces. Il traversa la France, passa les Alpes, parcourut l'Italie, ne se lassant pas de reproduire dans des cadres à miniature les paysages de ces belles contrées.

Il revint à Anvers peindre des noces et des fêtes de village, toujours dans des cadres à miniature. Un riche négociant d'Anvers, Jean Franckaert, devint son Mécène et son ami. Ils coururent ensemble les kermesses déguisés en paysans, dansant, buvant, chantant comme les plus intrépides, se faisant admettre à toutes les noces par le présent seigneurial qu'ils offraient à la mariée. Pierre Breughel fut le premier peintre de *paysanneries*.

---

[1] Jérôme Kock (1500-1560) avait plutôt le goût du commerce que le goût des arts; cependant il gravait à l'eau-forte avec beaucoup d'éclat. Les paysagistes hollandais ont recherché ses études.

Il étudiait plus naïvement que David Teniers. David Teniers, passant en carrosse devant une fête ou une noce de village, avertissait trop les paysans qu'il y avait un spectateur pour leurs danses joyeuses; les paysans posaient un peu : qui ne pose pas ici-bas? Il n'est pas jusqu'aux vaches qui ne lèvent nonchalamment le cou quand elles voient le paysagiste. Pierre Breughel, prenant l'habit et les manières du paysan, pouvait aller plus loin dans la nature; il surprenait ainsi plus d'un secret intime qui a échappé à David Teniers. Les paysans de Teniers, qui peignait la première scène venue, font bien ce qu'ils font au moment où on les voit agir. Certains paysans de Pierre Breughel, qui étudiait son monde, montrent ce qu'ils font, ce qu'ils viennent de faire et ce qu'ils vont faire. Mais le plus souvent Pierre Breughel est fantaisiste en pleine vérité; il veut être vrai, sans sacrifier les tons azurés de la poésie.

Il était revenu d'Italie à Anvers en compagnie d'une aventurière napolitaine qui l'accusait de l'avoir séduite. Pour se délivrer de cette femme, qui était sa maîtresse et sa gouvernante, il se fût résigné à l'épouser, s'il n'eût été demandé en mariage par la fille de son premier maître, mort depuis peu de temps. Cette fille était jeune et jolie ; elle lui rappelait les fraîches et souriantes années de sa jeunesse ; il répondit à Marie Bessemmers, la veuve de Pierre Koeck, qu'il serait heureux et fier d'épouser la fille de ce grand peintre, mais qu'il était poursuivi par une maîtresse obstinée. « L'aimez-vous ? lui demanda Marie Bessemmers. — Pourquoi l'aimerais-je ? Tout en elle n'est que mensonge et perversité. Mais comment me délivrerai-je de ce démon, à moins de l'épouser ? — Il y a un moyen plus simple, c'est d'épouser ma fille. Partons pour Bruxelles sans avertir votre Napolitaine. » Pierre Breughel partit en tremblant et se maria en tremblant. Il ne voulut jamais retourner à Anvers, où il était bien placé à l'académie et dans le monde, craignant d'y retrouver sa maîtresse.

Peu d'années après son mariage, pressentant sa mort prochaine, il voulut à toute force revoir son cher village de Breughel, où il avait encore une sœur. Sa femme, sa belle-mère et ses enfants furent du voyage. A la vue du clocher pointu et du maigre cep qui s'enroulait à la façade de la chaumière natale, le peintre mourant se sentit renaître. « C'est ici qu'il faut vivre, » dit-il en embrassant sa vieille sœur. Tous ceux qui ont revu avec amour le coin du monde où ils sont nés comprendront la joie enfantine de Pierre Breughel; il allait, il venait, de la cour à l'étable, de la maison au jardin, respirant avec délices mille souvenirs confus qui répandaient jusqu'à son cœur un parfum de jeunesse. Il s'agitait comme un fou, il riait avec des yeux pleins de larmes. Il prenait tour à tour les enfants sur ses bras, il leur parlait de son père le laboureur. « C'est ici qu'il se reposait, c'est là que sa bonne vieille femme filait en l'écoutant. C'est sur cette dalle que j'ai marché pour la première fois, c'est sur ce seuil vénérable que j'ai vu ma mère pour la dernière fois. Quel souvenir ! J'allais partir pour l'Italie; mon père me conduisait jusqu'au-delà du Melplaets, ma mère ne pouvait me conduire au-delà du seuil; tu t'en souviens, ma sœur? La pauvre femme mourut bientôt. Je la vois toujours sur ce seuil, me faisant des signes d'adieu, un adieu éternel ! » Ainsi ramené sur le théâtre de sa jeunesse, Pierre Breughel racontait vingt épisodes de sa vie à ses enfants, qui n'écoutaient pas, j'imagine. Quand il se fut bien retrempé dans ses souvenirs, il parla de retourner à Bruxelles; mais se ravisant bientôt, il déclara à sa femme et à sa belle-mère qu'il voulait mourir à Breughel, que ce ne serait pas long, qu'elles pouvaient bien attendre un peu pour l'assister à sa dernière heure et jeter de l'eau bénite sur sa fosse. Comme c'était un homme de résolution, il fallut que toute la famille se résignât à rester à Breughel dans une chaumière. Un mois se passa; le peintre, quoique toujours souffrant, n'avait pas la mine d'un homme qui va mourir. Le seigneur de l'endroit, qui avait ouï parler de son talent, vint lui offrir à lui et aux siens un appartement au château. Une fois installé au château, le peintre s'y trouva si bien, qu'il vécut encore près de six mois, quoique abandonné des médecins. A l'heure de la mort il eut une longue conférence avec un curé. Comme il avait peint le diable sous toutes les formes horribles et grotesques, il s'imagina qu'il allait voir le diable. Le curé ne contribua pas peu sans doute à augmenter ses terreurs; car, dès qu'il se fut confessé, Pierre appela sa femme et lui ordonna de brûler, à l'instant, sous ses yeux, tous ses dessins de diableries. Sa belle-mère vint, qui voulut en vain lui faire des remontrances, lui disant que c'était jeter au feu le pain de ses enfants. « Vous ne savez ce que vous dites, s'écria le moribond en colère ; il vaut donc mieux perdre une âme qu'un morceau de pain ? » Sa femme accomplit le sacrifice à l'instant même.

Pierre Breughel a laissé des tableaux sans nombre, de style divers [1], mais tous marqués d'un cachet original. Ses compositions sont merveilleusement entendues, son dessin est joli, sa couleur si fraîche est un peu trop azurée ; ses têtes et ses mains sont touchées avec esprit, ses habillements sont d'un goût gracieux. Il a créé quelques œuvres sévères : un grand tableau d'un travail inouï, représentant *la Tour de Babylone*; un *Christ portant sa croix*; un *Massacre des Innocents*; une *Conversion de saint Paul*. Le fond de ce dernier tableau est un des plus beaux paysages que les Alpes aient inspirés à la peinture : du haut des montagnes, on découvre tout un monde à demi caché

---

[1] « Pierre Breughel est considéré, pour ses grands et petits tableaux, comme un excellent maître. » VASARI.

par des nuages transparents qui eussent ravi Claude Lorrain.

Dans ses jours de franche gaieté, Pierre Breughel, comme pour ouvrir la route à Breughel d'Enfer, peignait quelques pages bouffonnes, des métamorphoses grotesques et des diableries d'une curieuse invention. De là surtout lui vint le nom de Pierre le Drôle, que ses historiens ont conservé. Mais ce qui caractérise ce peintre, c'est qu'il a surpris la nature dans sa joie naïve. Il est plaisant et non burlesque, comme on l'a prétendu. Il charme et fait sourire. Malgré tout son amour pour la vérité, il ne prend à la vérité que ce qui lui plaît. David Teniers saisit la vérité qui sort du puits toute ruisselante encore d'eau et de vase ; Pierre Breughel saisit la vérité un peu plus loin, quand elle a jeté une légère écharpe sur ses épaules, l'écharpe de la fantaisie, mais c'est encore la vérité.

On peut étudier au Louvre la jolie manière de Pierre Breughel dans les sujets mignons. Ce sont les plus petits panneaux du Musée ; pour les payer, il faudrait les couvrir d'or. L'un représente une danse de village, l'autre un hameau de Flandre. Ce sont deux chefs-d'œuvre : le ciel, l'eau, les maisons, les arbres, les personnages, tout y est touché avec une finesse et une légèreté merveilleuses, avec un coloris précieux et charmant, avec une vérité qui frappe et qui séduit.

Les dessins de ce maître sont remarquables à plus d'un titre. Ses figures, presque toujours correctes, sont surtout pleines d'expression. Ses paysages découvrent l'infini. Cependant son crayon était un peu lourd, même au temps où son pinceau pétillant était si léger. Dans ses dessins, les contours arrêtés à la plume sont lavés à l'encre de Chine ou au bistre [1]. Au frontispice de son œuvre de dessinateur, on voit son portrait d'une expression abrupte et fière [2].

Pierre Breughel, héritier de Bosch, précurseur de Teniers, plus profond et plus varié que ces deux maîtres, est une des plus vives physionomies de notre histoire. Il est de ceux qu'un critique patient voudrait étudier des années entières,

---

[1] Cornille Vischer, Hollart, Henri Kock, Niculant, Hondius, ont gravé d'après lui.

[2] Pierre Breughel, qui fit école, n'eut qu'un élève reconnu, P. Guesche, paysagiste d'un goût distingué. Parmi ses imitateurs, on remarque Van Bredaël et Boudewins.

comme le disait Rathgeber. Il mourut en 1570, laissant deux enfants presque au berceau ; sa jeune veuve le suivit de près chez les morts. Dieu sembla épargner sa belle-mère, Marie Bessemmers, qui, malgré son grand âge, éleva les deux enfants. Comme elle peignait un peu, elle en fit deux peintres. De bonne heure, elle leur mit le pinceau à la main. « Prends ce pinceau, Jacques, c'est celui de ton père. — Prends cet autre, Jean, c'est celui de ton grand-père. Voilà, mes enfants, la plus belle part de leur héritage. » Van Mander raconte avec une naïveté charmante comment la veuve de Koeck, âgée de plus de quatre-vingts ans, présidait aux premiers essais de Jacques et de Jean. Tout jeunes qu'ils fussent, leurs caractères se dessinaient déjà : l'un recherchait tout ce qui était sombre et terrible ; il aimait à peindre des incendies, des gibets, des tortures, des scènes de l'enfer ; de là son surnom de *Breughel d'Enfer*. L'autre, plus doux et plus tendre, aimait le soleil et les fleurs, tout ce qui est beau, tout ce qui aime, tout ce qui sourit : on le surnomma *Breughel de Paradis*.

II.

Les historiens de la peinture flamande ne disent presque rien de Breughel d'Enfer. Il naquit à Bruxelles vers 1566; on ignore en quel pays et en quelle année il mourut. D'après ce qui reste de son œuvre, on juge qu'il méritait, comme tant d'autres, une page de biographie; mais ceux qui ont étudié le Breughel n'ont vu que son père et son frère. C'est l'histoire d'Abraham Teniers, pareillement étouffé entre Teniers le Vieux et Teniers le Jeune. On a poussé l'oubli et l'injustice envers Breughel d'Enfer jusqu'à attribuer à son père ses meilleures toiles. Les graveurs eux-mêmes, en reproduisant ses étranges diableries, ont omis de distinguer Breughel le Drôle de Breughel d'Enfer.

Sa grand'mère, après lui avoir donné les premières leçons, le confia à Gilles Van Coninxloo, qui avait étudié naguère avec son fils. Ce maître l'emmena dans ses voyages en France, en Allemagne et en Zélande, où Breughel d'Enfer fit un grand nombre de paysages à vol d'oiseau. De retour à Anvers, il reconnut son vrai maître en voyant des panneaux où Jérôme Bosch avait peint d'un côté des intérieurs flamands et de l'autre des intérieurs d'enfer. Il s'inspira de la manière de ce vieux peintre, il étudia toutes les scènes horribles : incendies, tempêtes, supplices, diableries. Cependant il revenait çà et là à la grâce de son premier maître. Ainsi, l'archiduc lui ayant dit un jour : « Vous avez tort de faire l'enfer si laid, vous allez en dégoûter tout le monde, » il lui promit un intérieur d'enfer très habitable. Il peignit *Orphée jouant de la lyre devant Pluton et Proserpine assis sur leur trône.*

Il s'entendait d'ailleurs merveilleusement à peindre l'enfer chrétien ; ses flammes épouvantaient par leur vérité. On raconte que Terburg, ayant dans son atelier un *Enfer* de Breughel, y passait les mains en hiver comme pour se chauffer. Ses diables étaient vraiment dignes d'habiter ces flammes dévorantes par leurs grimaces, leurs espiègleries et leurs malices. Sa manière était libre et soudaine ; la plupart de ses tableaux paraissent faits de rien. Une grande énergie respire dans ses combats, où le coloris est heurté à propos. Ses tempêtes jettent des lames d'eau comme ses incendies jettent des flammes. Quoique d'une vive allure, il se complaisait aux petits détails; il répandait son idée à l'infini dans tous les coins du tableau. J'ai vu une gravure d'après lui qui représente *le Voyage du Temps et de la Mort*. Rien n'est plus grotesque, plus horrible, plus fantastique : la Mort, montée sur son cheval pâle, chasse devant elle le Temps, qui est en voiture. Il y a mille détails curieux jetés autour de ces deux personnages. En voyant la gravure, on regrette bien de ne pas voir le tableau original, qui eût enthousiasmé Dante et Callot.

Breughel d'Enfer croyait fermement à la sorcellerie, comme Callot croyait au diable. Au XVIe siècle, cette croyance était répandue partout, en Flandre plus encore qu'ailleurs. Que de peintres naïfs qui pensaient être possédés du diable, ou tout au moins ensorcelés ! Combien il y eut alors d'exorcismes merveilleux ! Breughel d'Enfer voyait des diables et des sorciers à chaque pas, au détour du sentier, au bord de la forêt, dans les nuages, sous les rideaux de son lit, partout.

Ses amis les alchimistes lui avaient tourné la tête; aussi ses diableries et ses sorcelleries sont l'œuvre d'une imagination plus malade qu'extravagante. Au premier abord, en voyant sa galerie, on est tenté de rire; mais bientôt on est frappé de l'effroi qui inspirait le peintre. Breughel d'Enfer était dominé au plus haut point par les croyances populaires : l'univers n'était, à ses yeux égarés, qu'un masque souriant qui cachait toutes sortes de sabbats et d'enfers. Pour les poëtes antiques, Pan jouait de la flûte dans les roseaux, les naïades fuyaient en troupes folâtres sur les rives du fleuve, les faunes et les sylvains habitaient les arbres ou les fleurs. Breughel d'Enfer découvrait dans la nature une tout autre fiction, fiction sans grâce et sans poésie; il ne se contentait pas de voir sortir un démon de chaque arbre, une sorcière de chaque grotte, un lutin de chaque fontaine : ses lugubres visions lui apparaissent dans tout ce qui se voit et dans tout ce qui ne se voit pas. Rien n'est sacré pour le diable de Breughel; il se métamorphose en tilleul ou en pampre, en rose ou en rossignol. Enfin cet esprit du mal envahit tout : ce n'est que par l'eau bénite et les signes de croix qu'on déjoue ses infernales manœuvres. Dans les tableaux de Breughel d'Enfer, le diable sort de la cheminée ou de la marmite. Vous croyez que la cafetière et le grillon babillent dans l'âtre : détrompez-vous, c'est le diable qui parle; vous croyez entendre la bise battre les contrevents, c'est le diable qui passe ; ce chat qui fait la roue auprès des chenets, ce chien qui se réveille en levant la patte vers vous, c'est le diable : voyez plutôt sa queue. Cette femme, qui est la vôtre par-devant notaire et par-devant Dieu, bien et dûment enregistrée, prenez garde, c'est le diable.

Un savant qui a passé ses plus belles années à rechercher les *causes célèbres* de sorcellerie a été frappé d'un trait de lumière en voyant des tableaux de ce peintre étrange. Tout ce que les sorciers racontaient de leurs visions, tout ce que ces cerveaux malades renfermaient d'images lugubres, il le voyait dans Breughel d'Enfer. Si on voulait *illustrer* le livre du savant, on n'aurait qu'à graver quelques-uns des tableaux du peintre.

III.

On a beaucoup écrit sur Jean Breughel, ou Breughel de Velours ; on a même disserté sur son nom ; les uns ont dit *Breughel de Velours* parce qu'il s'habillait de cette étoffe, les autres ont imprimé *Breughel de Vlour,* quelques-uns enfin le nomment *Breughel de Paradis,* parce qu'à l'opposé de son frère, Breughel d'Enfer, il ne peignait que des scènes de joie, des guirlandes de fleurs, des paradis terrestres.

On sait déjà qu'orphelin dès l'âge de cinq ou six ans, il fut élevé par sa grand'mère, qui lui apprit à peindre en miniature. Pendant que son frère étudiait sous Coninxloo, il fut admis chez Pierre Goé-Kindt, qui avait un musée plutôt qu'un atelier. Il imita les divers maîtres qui ornaient l'atelier. Ce travail l'ennuya bientôt. Un jour, Goé-Kindt le surprit encadrant d'une fraîche guirlande de fleurs une mauvaise copie de Franc Floris. « Où as-tu copié ces fleurs ? lui demanda le maître. —Elles ont poussé toutes seules au bout de mon pinceau, » répondit le jeune Breughel. Goé-Kindt lui conseilla de faire des arbres. En quelques jours, il peignit une lisière de forêt, où l'on reconnaissait au feuillage sept à huit espèces d'arbres. Le maître, émerveillé, lui dit d'aller étudier la nature dans un plus beau pays. Breughel venait de perdre sa grand'mère; son frère voyageait avec Coninxloo; il quitta sans regret un pays où il n'avait plus de famille que dans les cimetières. Il alla à Cologne, sans autre ressource que sa bonne volonté. Un joli tableau fit bientôt sa fortune en cette ville : c'était un *Jugement de Salomon* encadré de fleurs et de fruits. La reine de Saba présente au roi d'Israël six fleurs de lis naturelles et six fleurs de lis artificielles, mais si artistement faites, qu'on ne pouvait sans peine les distinguer des véritables. Salomon, dans sa souveraine sagesse, lâche une abeille qui va droit aux fleurs naturelles.

Breughel de Velours partit riche de Cologne pour l'Italie, où il fut bien inspiré pour ses *Paradis terrestres*. Tous les petits princes italiens s'inscrivirent sur le registre du peintre pour avoir un paradis. Il se contentait le plus souvent de livrer le premier paysage venu, disant que c'était là le vrai paradis. En effet, il répandait tant de charme et de poésie dans ses horizons bleuâtres, tant de mystères amoureux sous ses bosquets touffus, tant d'éclat et de fraîcheur sur ses gazons émaillés de fleurs et de rosée, qu'on pouvait se croire, en voyant son œuvre, transporté dans l'Éden.

Après ces voyages, il vint se fixer à Anvers, voulant mourir dans sa patrie; il était jeune encore, déjà célèbre et déjà riche. Il fit son entrée à Anvers dans un carrosse traîné par quatre chevaux, à la suite de l'archiduc, qui l'avait noblement accueilli à Bruxelles. Grande fut la surprise des Anversois, que Rubens, Van Dyck et Teniers n'avaient pas encore accoutumés à voir un peintre dans l'équipage d'un prince. Rubens lui offrit son amitié, quoiqu'il le trouvât un peu extravagant: Breughel de Velours choquait le grand peintre d'Anvers par la coquetterie toute féminine de son costume. Ils n'en devinrent pas moins de francs amis. Toutes les grandes maisons de la ville furent ouvertes au nouveau venu, tous les jeunes seigneurs recherchèrent sa compagnie. Il ouvrit un vaste atelier qui fut presque une académie et un musée. Presque tous les peintres du temps y discutèrent et y peignirent, entre autres Rubens, Van Balen, Cornille Schut, Rottenhamer.

Breughel s'était pris d'une violente passion pour la belle Madeleine Van Alstoot, qu'il avait rencontrée à une fête de l'archiduc. Madeleine était orpheline ou veuve. Elle avait, selon Cornille Schut, qui l'a chantée en vers enthousiastes, certains airs de parenté avec la Madeleine de l'Écriture. Voici son portrait en peu de lignes, tel que l'a peint Rubens. Ses cheveux bruns, éparpillés en longues boucles, prenaient au soleil des couleurs de flamme; ses yeux, d'un bleu de pervenche, étaient ombragés de beaux cils noirs. Née à Gand, elle était bien Flamande par son éclat robuste, mais avec le regard passionné d'une Espagnole et le sourire coquet d'une Française. Ce qui surtout avait séduit Jean Breughel, c'était un certain parfum de volupté nuageuse que Madeleine Van Alstoot répandait autour d'elle. Le peintre se mit à l'adorer comme une madone et comme une amante, avec les yeux de l'esprit et les yeux du cœur. Elle se laissa épouser de très bonne grâce, fière d'avoir un mari qui fût un grand peintre et un grand seigneur, espérant courir le monde avec lui, enfin se créant une vie toute de soie et d'or, de fêtes et de chansons. Mais à peine cet hymen fut-il célébré, que Breughel changea brusquement de manière de vivre ; un peu fatigué du monde, séduit par le doux et calme horizon de l'amour dans le mariage, il voulait se reposer à l'abri du foyer. Madeleine, qui n'avait pas connu le monde, ne voyait pas la vie sous le même aspect. Elle trouvait qu'on a toujours trop le temps de vivre avec soi-même. Elle disait que les belles fleurs ne s'épanouissent qu'au soleil, que Dieu ne l'avait pas créée pour la voir s'éteindre dans la cellule du mariage, que le vrai soleil des femmes était le lustre d'une salle de bal. Ce qu'elle aimait avant tout, c'était la danse. Il fallait la voir, elle qui n'avait rien d'aérien, s'élancer avec la légèreté d'un faon, enlevée par la musique et le plaisir. Breughel regardait danser avec trop de philosophie ; il trouvait que la danse n'aboutit à rien de bon pour les maris. Breughel était jaloux. Loin d'être touchée de sa jalousie, Madeleine en fut irritée ; l'ardeur de la coquetterie, qui n'était d'abord qu'un caprice, devint bientôt chez elle une vraie passion. Elle supplia son mari de la conduire aux fêtes d'Anvers. Breughel se contentait de la conduire en pleine campagne, lui parlant sans cesse du paradis terrestre, qui n'était habité que par Adam et Ève. Madeleine, ennuyée de ce cours de solitude, répondait, avec une moue charmante, qu'Ève ne s'était pas fort amusée dans le paradis et qu'elle s'était empressée d'en sortir après avoir poussé la curiosité jusqu'à prêter l'oreille aux discours du serpent.

Ce fut vers ce temps-là que Breughel commença ce merveilleux poëme en peinture, *le Paradis terrestre*, cette grande page écrite avec tant de patience en un si petit espace, ce souvenir biblique éclairé d'un rayon divin. Breughel, qui peignait ce tableau sous les yeux de sa femme, se garda bien de montrer le serpent dans le paradis. Toute la création est là qui palpite, qui vole dans les airs, qui chante dans les branches, qui sommeille sur les herbes, qui se baigne dans les eaux. Ils sont tous là, l'abeille qui bourdonne, le cygne nonchalant, le lion superbe qui se repose ; ils sont tous là, hormis le serpent. Le premier entre tous les peintres, Breughel représentait le paradis sans le fruit défendu. Vous avez vu ce paradis charmant dont chaque feuille vous sourit, dont le moindre bruit vous enchante, dont la lumière vous transporte. Que l'ombre est douce au pied de ces arbres, que cette eau qui coule est embaumée par les fleurs aquatiques, que ces horizons égaient bien l'âme par leurs vapeurs aériennes ! On respire à chaque pas la paix et l'amour, la sérénité et le bonheur, le calme et la joie ; à chaque pas, c'est un songe charmant qui vous arrête. Les fleurs secouent une neige odorante, les plus beaux fruits sont mûrs pour apaiser la soif du corps et de l'âme ; il y a tous les fruits, hormis la pomme amère, comme il y a tous les animaux, hormis le serpent.

Breughel ne montra pas le serpent dans le paradis terrestre, il y montra Dieu ; c'était moins poétique, mais c'était plus orthodoxe, maritalement parlant. Il eut beau créer dans cette toile immortelle un personnage invisible, l'Amour, qui l'inspirait dans ses promenades avec Madeleine, il ne put la convaincre des poésies de la solitude ; elle persista à dire qu'on s'ennuyait beaucoup dans tous les paradis du monde, même dans celui de Breughel. « Insensée ! s'écriait le peintre, tu ne vois donc pas rayonner la joie sur le chaste front d'Ève, qui se promène dans les bosquets touffus en compagnie de Dieu et d'Adam? Quand nous nous promenons ensemble par cette belle campagne, foulant du pied l'herbe fleurie, écoutant le merle qui siffle, respirant l'arome des violettes sous ce beau ciel qui nous sourit, n'es-tu pas, comme Ève, avec Dieu et avec Adam? — Hélas! disait-elle, tout cela était à merveille quand il n'y avait que Dieu et Adam. » On comprend que, loin de s'apaiser par les raisonnements de sa femme, la jalousie de Breughel n'en devint que plus violente. Il avait brisé avec le monde, quoiqu'il y trouvât pour lui-même l'argent comptant de la gloire, c'est-à-dire des louanges sans nombre. On s'étonnait à bon droit de cette retraite; on avait bien de la peine à comprendre pourquoi ce peintre si élégant et si mondain était devenu tout d'un coup, comme par une métamorphose d'Ovide, un misanthrope farouche. C'était bien la peine d'épouser la belle Madeleine Van Alstoot. On le trouvait ridicule d'avoir une femme pour lui seul. « Qu'il nous montre sa femme et qu'il cache ses tableaux, à la bonne heure! »

Sans trop s'inquiéter du vain babil du monde, Breughel poursuivait gravement son œuvre; s'il déposait le pinceau, c'était pour une étude d'histoire naturelle au bord d'un bois ou d'un étang. En digne spectateur du grand drame de la création, il prenait plaisir aux moindres scènes : pas un acteur qui ne le touchât ou ne l'amusât ; il suivait, dans son poétique vagabondage, le papillon ou la demoiselle, mais le plus souvent, comme Madeleine était près de lui, il oubliait tout le reste de la création pour Madeleine. La folâtre jeune femme ne lui savait pas gré de son culte amoureux ; il lui avait fermé les portes du monde au moment où le monde séduit, enivre, éblouit les imaginations de vingt ans par le bruit et l'éclat ; à cette heure trompeuse où tous les cœurs qui souffrent cherchent à s'oublier dans le tourbillon, où toutes les figures prennent un sourire pour masque : elle rouvrait par la pensée ces portes dorées qui lui cachaient le monde et qui la cachaient au monde. Après quelques années orageuses, où le romancier s'arrêterait plus à loisir que l'historien [1],

---

[1] Le poëte hollandais Vondel, dans une comédie oubliée, avait mis en scène Madeleine Van Alstoot.

Madeleine échappa au tourbillon et ramena ses chimères sous le toit conjugal.

Breughel de Velours mourut riche, vers 1625. Sa veuve ne lui survécut guère. Sa fille Anne, qui épousa David Teniers, fut élevée sous la tutelle de Van Balen, de Rubens et de Cornille Schut. Elle était bien digne des autres œuvres de son père; aussi fut-elle la plus grande joie de son mari. Breughel laissa quelques élèves, entre autres Danil Seghers et Lucas de Wael, tous deux peintres de fleurs, qui ont retrouvé la couleur fraîche et la touche délicate du maître.

Dans le portrait d'Eysen, on voit Breughel drapé dans un manteau de velours; sa tête pensive semble portée par une fraise à grands plis; il a toute sa barbe, qui est blonde et ondulée. Les deux médaillons qui sont de chaque côté de cette figure caractérisent plutôt le génie de Breughel le Drôle que son génie : ils représentent un intérieur flamand et un groupe devant une maison. Il fallait un paradis d'un côté et un paysage de l'autre.

Rubens aimait beaucoup Breughel de Velours. Il a existé entre ces deux maîtres — le chêne et le roseau — une vraie fraternité de génie. Ainsi Rubens se servait de la main savante et légère du peintre de fleurs pour ses paysages, tandis que celui-ci avait recours au grand peintre d'Anvers pour ses figures de vierge. Le plus grand éloge de Breughel de Velours se trouve dans ces paroles de Rubens : « Je n'ai pas plus fait pour Breughel qu'il n'a fait pour moi. » La même fraternité exista entre Breughel de Velours, Van Balen et Rottenhamer. Dans l'œuvre de Van Balen, on trouve deux tableaux, *le Festin des Dieux* et *le Jugement de Páris*, dont les fonds sont peints par Breughel. Dans l'œuvre de Rottenhamer, on reconnaît surtout un paysage de Breughel dans une *Diane au bain*. En revanche, Rottenhamer et Van Balen ont, ainsi que Rubens, laissé des traces immortelles de leur talent dans les tableaux de Breughel de Velours [1].

Breughel de Velours peignait sur bois et sur cuivre. Il a été un grand maître par l'harmonie

---

[1] Arnold Houbraeken rapporte qu'en 1713 la vente à Amsterdam de deux panneaux peints par Breughel mit toute la Hollande en mouvement. C'étaient deux paysages de la plus grande beauté, ornés de figures de Rubens. Selon cet auteur, « quand on montra les panneaux, tous les spectateurs furent frappés

des couleurs et la légèreté du dessin. Il reproduisait les fleurs plutôt qu'il ne les peignait ; ses aubépines, ses bouquets printaniers, ses rameaux, ses feuilles, ses tiges et ses insectes sont d'une vérité merveilleuse. Il savait répandre la lumière avec un art infini ; la lumière se joue dans ses guirlandes comme sur les fleurs d'un jardin. Le gouttes de rosée tombaient de son pinceau comme les perles de la nuit dans le calice des roses. Le velouté, la transparence et l'éclat se retrouvent dans ses bouquets avec l'harmonie la plus douce. Il y a certaine fleur qu'il a embellie, s'il est permis de le dire, par la fraîcheur et la légèreté. Il est vraiment à regretter qu'en son temps les Hollandais n'eussent point encore découvert les vingt mille espèces de tulipes. Le génie de Breughel de Velours n'est d'ailleurs pas tout entier dans les fleurs ; il a cherché d'autres cadres pour ses poëmes mignons. Ses paysages sont dignes de ses bouquets. Il les variait à l'infini. Ses arbres sont d'une belle forme,

---

d'admiration ; la nature ne produit rien de plus beau. » Aussi la vente s'éleva-t-elle à près de cinq mille florins, ce qui était alors un prix fou.

ses fonds d'une grande richesse, ses figures, ses fleurs et ses fruits d'un fini admirable. Rien de plus doux et de plus précis que ses ciels et ses lointains : c'est de la ciselure aérienne.

Il y a des tableaux de ce maître dans tous les musées du monde. Le Louvre en compte six. Le premier est un paradis terrestre, peut-être celui que peignait Breughel sous les regards de sa femme. C'est un paysage tombé du ciel; les lointains sont si vagues, si bleus et si doux, qu'ils vous séduisent et vous appellent. La scène du second tableau a les airs pour théâtre; c'est Uranie qui tient en main le globe céleste. Elle est entourée d'une multitude d'oiseaux charmants qui jouent, qui chantent et qui voltigent. A la première vue, on sent bien qu'ils sont soulevés par l'air : il semble qu'on voie passer le vent. Aux pieds d'Uranie, des Amours écrivent l'histoire de la peuplade ailée, curieuse histoire, à en juger par le sourire de celui qui écoute. Uranie et les Amours sont de Van Balen. Le troisième tableau est une merveilleuse guirlande de fleurs qui entoure un médaillon dont les figures sont peintes par Rubens. Ce médaillon représente la Vierge couronnée par un ange. Cette tête est d'une adorable expression; elle sourit comme les mères doivent sourire là-haut. L'Enfant-Jésus, assis sur ses genoux, est le digne enfant de cette mère. Nommer Rubens, c'est dire que le coloris est admirable; cependant le tableau est signé par Breughel de Velours à cause de la guirlande de fleurs, qui est un chef-d'œuvre du genre. Quoique deux siècles aient passé sur ces roses, ces jasmins, ces œillets et ces lis, l'âme s'égare et respire dans leurs gerbes printanières, qui semblent s'épanouir au souffle de Dieu. Le quatrième tableau signé du nom de Breughel de Velours est la *Bataille d'Arbelles*; je ne crois pas me tromper en affirmant que cette bataille, curieuse par la multitude de figures, est de Pierre Breughel le Drôle. Les deux autres tableaux sont des paysages très délicatement touchés, dont le coloris charmant est un peu bleuâtre. Ils rappellent bien ce mot de Rubens : « Vos paysages, Breughel, sont des portes du paradis. »

Le musée du Louvre ne possède pas les œuvres les plus éclatantes de ce peintre; tous les musées, hormis celui d'Anvers, sa patrie, ont fait une place en belle lumière aux brillantes fantaisies de

Breughel de Velours. Le musée de La Haye est enrichi, si j'ai bonne mémoire, d'un chef-d'œuvre, un *Paradis terrestre*, où Rubens a peint Adam et Ève. Le musée de Lyon conserve un tableau de ce maître digne de tous ses paradis; il représente un des quatre éléments, celui qui allait le mieux à ce léger pinceau, *l'Air*. On y voit voler les oiseaux et passer les nuages. Il n'y a pas d'autre horizon que l'infini; on sent qu'il y a des mondes dans ces échappées de ciel; le regard émerveillé traverse la vapeur aérienne sans rencontrer de bornes. Jamais peintre ne s'est mieux perdu dans l'air. Qui n'a admiré à Rome, dans le palais Doria, les *Éléments* de Breughel !

Breughel de Velours était si loin du monde que, même dans ses paysages, il ne pouvait s'empêcher de mentir; heureusement tous ses mensonges sont jolis. S'il peignait un coin de la Flandre avec un moulin, une maison, une rivière ou une prairie, il se rappelait aussitôt le ciel de Naples et la campagne de Rome; son ciel flamand prenait, comme par miracle, des tons plus doux et plus bleus; ses arbres se doraient d'un rayon d'Italie, les aspérités de la prairie se métamorphosaient en collines, ainsi de tout. Ses paysages de la campagne de Rome sont pleins de souvenirs des bords du Rhin. Il confondait tous les pays, parce que devant le spectacle des pays nouveaux il se rappelait ceux qu'il avait parcourus autrefois. Le paradis lui étant apparu dans son printemps amoureux, comme il avait le soleil et le ciel sous la main, il répandait partout des souvenirs de son paradis.

Il tenta à diverses reprises de faire des portraits; il échoua toujours, malgré sa patience; il eût embelli la beauté grecque, sinon par la ligne, du moins par le rayon céleste : or, en peignant une figure flamande, il aurait eu beaucoup à faire. Breughel suivait dans ses portraits le même système que dans ses paysages; il ennoblissait le profil flamand par la ligne italienne; il gâtait à plaisir, par un sourire trop fin, ces bouches fraîches et naïves qui sourient si franchement entre Bruxelles et Anvers.

Les dessins de Breughel de Velours sont dignes de ses tableaux; on y remarque une telle science de détail, que nul ne peut parvenir à les copier. Ils sont coloriés en bleu de l'Inde dans les ciels, les eaux et les lointains. Les devants sont lavés au bistre. Il ne lui fallait que deux traits de plume très légers pour ses arbres. Souvent les arbres sont feuillés au pinceau et mêlés de tons rougeâtres du plus grand effet. Les petites figures, les chariots, les moulins, les animaux, arrêtés à la plume et lavés au bistre, suffiraient seuls à faire connaître la main de Breughel par l'esprit de la touche [1].

Ce grand peintre était né poëte ; cependant, à force de travail, il a fini par gâter l'inspiration naïve en recherchant les difficultés du rhythme. Ses jolis tableaux sont des sonnets où la richesse de la rime l'emporte sur la grandeur de la pensée. Le vrai mérite de Breughel est donc dans l'exécution. Il possédait une patience surhumaine ; la patience côtoie le génie, elle avance à petits pas, elle avance toujours, mais sans s'écarter du chemin : c'est la tortue de la fable. Pour moi, je n'aime pas trop la patience dans les œuvres d'ima-

---

[1] On a peu gravé d'après lui ; Hollart, Kock, Sadeler, Hondius, ont voulu le traduire sur bois et sur cuivre ; mais comment traduire cette finesse de touche, ce coloris précieux, cet esprit du détail, ces lointains si doux qui faisaient le charme de Breughel de Velours ?

gination ; elle m'intéresse, mais ne me séduit pas. Heureusement, chez Breughel de Velours, la patience se sauve par la poésie ; elle ne s'attaque guère qu'à tout ce qui sourit ici-bas, aux fleurs qui s'épanouissent, aux arbres qui verdoient, aux oiseaux qui chantent. Bien des peintres flamands dépensent de laborieuses semaines à copier servilement un chaudron ou un balai ; Breughel de Velours choisit mieux le sujet de ses œuvres de patience : il crée dans un narcisse un drame fantastique dont les acteurs sont des scarabées ; il trouve assez de place dans un cadre de fleurs pour peindre un long poëme d'amour.

Il y a bien du charme à suivre pas à pas ce peintre-poëte dans ses fantaisies ; c'est un enchanteur qui vous conduit, par des sentiers embaumés, vers les pays bleuâtres que nous n'avons vus qu'en songe. Quelle floraison toute printanière ! quel aimable concert d'oiseaux chanteurs ! quel oubli profond de toutes les misères d'ici-bas ! Breughel de Velours était de ceux qui trouvent superflu de reproduire les scènes de la vie humaine ; il s'élevait plus haut, il allait à la conquête de ces mondes inconnus que nous devinons au-delà des nuages, ces mondes, espoir des nobles âmes qui s'abreuvent de larmes sur la terre. Après ses voyages dans le ciel, Breughel de Velours se promenait aussi sur la terre, mais pour l'embellir de toutes les parures du mensonge. Ainsi il ne peignait sur la terre que des fêtes, des mascarades, des chasses, des divertissements, des nymphes se baignant dans le fleuve ou s'endormant sur le rivage. La mer même ne lui inspirait que de jolies pages. Loin de la voir les jours de tempête, comme Breughel d'Enfer, il ne la visitait que les jours de calme et de soleil, quand elle caresse d'un flot paisible les coquillages roses de la rive, quand les plus jolis poissons viennent respirer à sa surface, quand une brise légère agite mollement les voiles du navire. Veut-il peindre un désert, ce peintre qui ne trouve que des fleurs sur sa palette? Avec la volonté d'être sévère, il n'arrive qu'à peindre une oasis [1].

J'aime à croire que Breughel de Velours est allé

---

[1] Il a représenté *Daniel dans la fosse aux lions* ; quand on voit son tableau, on trouve Daniel en fort bonne compagnie : les lions sont magnifiques, mais ils font patte de velours ; on juge qu'ils ne se trouvent pas là pour dévorer le prophète.

voir là-haut s'il a peint le paradis sous des couleurs assez belles. Pour Breughel d'Enfer, je pense qu'il n'a pas voulu savoir si les diables sont aussi noirs qu'il les a faits.

Dans le grand livre de l'histoire de l'art, une page sera éternellement consacrée aux Breughel, page curieuse où les poëtes et les rêveurs aimeront à s'arrêter. Ces trois peintres ne doivent leur génie qu'à eux-mêmes. Venus aux premiers temps de la peinture flamande, trouvant plus d'un champ libre à défricher, ils ont osé semer et labourer à leur guise sans s'inquiéter de la tradition. La moisson a été si belle durant leur vie, qu'il s'est trouvé à leur mort plus d'un héritier pour se disputer le champ. Ainsi, parmi leurs descendants, ne reconnaît-on pas un peu Callot et Teniers, Guillaume Van den Velde et Jean Van Huysum? Il est aussi honorable d'avoir de tels descendants que de n'avoir pas eu de maîtres.

VIII.

RUBENS.

CONTEMPORAINS DE RUBENS.

ADAM VAN OORT. — GASPARD DE CRAYER. VAN BALEN. — SNEYDERS. — JORDAENS.

I.

Rubens est un poëte épique comme Homère et Zeuxis, comme Dante et Michel-Ange. Ce qu'a dit Cicéron d'Homère, ce qu'a dit Aristote de Zeuxis peut quelquefois s'appliquer au souverain artiste des Flandres. Oui, celui-là aussi avait de l'aigle les yeux et les ailes; il préférait le surhumain vraisemblable au vrai cloué sur le sol; avec les hommes il faisait des dieux, parce qu'il savait voir la nature à travers les splendeurs du monde idéal [1].

L'art est l'image du monde : il a ses luttes et ses sommeils, ses aspirations et ses désespoirs. « Il est pétrifié quand il ne change pas, » a dit Mme de Staël. L'art se renouvelle par les conquêtes modernes ou par les découvertes anciennes, deux vastes horizons qui l'appellent toujours. Mais le plus souvent le génie, n'est-ce pas le don de répandre la vie et la jeunesse sur des idées et des formes déjà connues ? Quiconque est né fort, quiconque est l'inspiré de Dieu vient ramener le printemps dans le monde de l'art. Rubens est apparu à l'heure de la décadence pour la peinture. L'Italie n'avait plus que des maîtres secondaires ;

---

[1] Cependant Rubens, tout imprégné de naturalisme, peut-être à son insu, car la nature était chez lui plus forte que la science, a trop chargé ses figures de chair. Zeuxis, d'après l'exemple d'Homère, donnait à ses femmes une certaine forme héroïque ; mais il possédait au même degré la force et la grâce. Aussi, tout héroïques qu'elles soient, ses femmes étaient toujours des femmes, et même, selon les témoignages de l'antiquité, les plus belles de la Grèce. Théocrite a créé son Hélène d'après ces majestueux modèles.

les Carraches croyaient succéder à Michel-Ange, l'Albane s'imaginait continuer l'œuvre du Vinci, le Guide prononçait devant ses tableaux le divin nom de Raphaël. Une dernière et glorieuse période allait pourtant s'annoncer comme un soleil d'août. Rubens, Murillo, Poussin, Rembrandt, Claude Lorrain, devaient faire la gloire du XVIIe siècle; mais Rubens domine tous ces grands maîtres par le caractère épique de ses créations, par les formes magistrales de son génie [1].

D'où venait-il, ce génie ardent et aventureux qui semait la vie à pleines mains? Est-il, comme on l'a dit, l'héritier suprême des Flamands, ou, comme tant d'autres, Rubens est-il le fils de ses œuvres?

Qu'il nous soit permis de jeter un regard rapide sur les siècles déjà parcourus.

Dans la première période de la peinture gothique, le sentiment du Beau idéal se révèle çà et là,

---

[1] Quelques belles pages ont été écrites sur ce génie turbulent, mais la vie de Rubens est encore à faire. M. de Rémusat, l'éloquent philosophe qui a répandu une si vive lumière sur la figure d'Abélard et d'Héloïse, avait songé à consacrer son style à un livre sur Rubens. Certes, le grand artiste avait là un digne

mais à travers d'épais nuages. L'école de Van Eyck ennoblit la réalité par l'éclat du coloris, par le sentiment de l'Art, qui, à lui seul, est déjà quelquefois le Beau; d'ailleurs, avant la science parfaite, ils avaient l'expression naïve, la simplicité pittoresque et souvent sublime, la sévérité adoucie par le calme; mais ce n'était pas le Beau, l'idéal trouvé par Raphaël comme par Phidias. En vain, dans le siècle qui suivit, les lèvres tourmentées de cette soif ardente du Beau qui dévore tant de nobles cœurs, les peintres des Pays-Bas allèrent demander à Rome, à Florence et à Venise le secret des œuvres monumentales, le secret de ce rayon qui tombe de si haut pour illuminer d'une lumière toute divine la page immortelle d'un artiste; ils réussirent à imiter les lignes et les nuances, mais songèrent-ils que c'est dans l'âme que l'artiste doit puiser la vie intérieure de son œuvre?

Il faut bien avouer qu'il y eut dégénérescence

---

interprète, et le portrait du philosophe eût duré aussi longtemps que ceux du peintre; mais chez les hommes d'État-hommes de lettres, l'homme propose, la France dispose.

dans l'école flamande et hollandaise après Hemling et Lucas de Leyde. On vit s'épanouir plus d'œuvres remarquables, on ne signa presque plus de pages immortelles. Le génie avait soutenu ces deux maîtres dans les hauteurs inaccessibles; ils ne s'étaient pas contentés de peindre, ils avaient pensé. Ainsi Hemling était un poëte et un historien. Quelle savante naïveté! quelle poésie sublime en ces tableaux où il représente dans les lointains les événements qui ont précédé ou qui vont suivre l'action principale! Lucas de Leyde était un poëte et un philosophe. Il traduisait la Bible avec un profond sentiment biblique et l'interprétait librement comme un penseur. Comme les maîtres de Cologne, comme les Van Eyck, comme Metsys, Hemling et Lucas de Leyde peignaient d'après leur imagination et non d'après celle des peintres étrangers. Van Orley, Coexie, Mabuse, Schooreel, Hemskerke, Franc Floris, Otto Venius, sont de grands artistes préoccupés de la ligne italienne, mais non du sentiment de Raphaël ni de la grandiosité de Michel-Ange, ni de la poésie robuste du Titien. Ils se contentaient de leur dérober un certain air de famille qui frappait les yeux; mais le cœur, mais la pensée ne les voulaient pas reconnaître pour des frères ou des fils de ces grands maîtres.

Rubens apparut, qui secoua d'une main libre et fière les mauvaises traditions qui allaient ruiner l'art des Pays-Bas.

Rubens vint avec son génie recueillir l'héritage de ses devanciers, mais il l'agrandit encore par des conquêtes hardies et inespérées. Rubens était un poëte épique, emporté par une ardente et folle imagination jusqu'aux débauches de la pensée et de la palette. Avait-il compris que les Flandres, déjà trop bercées par les voluptés matérielles, dès longtemps endurcies par la religion de l'or, ne seraient désormais émues que par les pages à grand fracas, les drames où ruisselle le sang, les sauvages ripailles de la kermesse, les altiers tourbillons de la fête de village, les allégories éclatantes, le faste insolent des grands seigneurs et la beauté luxuriante des grandes dames? Ou bien, en créant ce pompeux poëme de la chair, du mouvement et du bruit, où la nature s'élève si haut qu'elle parvient jusqu'à voiler le ciel, Rubens obéissait-il à sa nature toute panthéiste?

Avec Rubens nous entrons en pleine période chevaleresque. Le génie, qui jusque-là a vécu humble et caché, va prouver aux yeux de tous sa noblesse et sa fortune.

Au seul nom de Rubens, une vie éclatante se déroule fastueusement sous les yeux. On voit apparaître un palais à colonnes soutenu par des cariatides. La sculpture déploie sur la façade toutes ses fleurs épanouies, ses pampres, ses grappes d'amours lascifs, ses guirlandes de visions. Le regard va de la surprise à l'éblouissement. Dans les cours de ce palais, devant ce perron couvert de statues, les chevaux piaffent et hennissent d'impatience; ce sont des équipages de princes et d'archiducs, c'est l'équipage de Rubens lui-même, qui va descendre de son atelier pour aller à la cour. Mais la vraie cour n'est-elle pas chez lui? N'est-ce pas dans son atelier que se rencontrent tous les grands seigneurs et tous les grands artistes? N'est-ce pas dans son atelier que sont répandues d'une main prodigue toutes les saintes et folles richesses créées pour les yeux : les belles femmes qui posent en Madeleines, en chimères, en naïades, les étoffes de soie et de velours, d'argent et d'or, les tapisseries féeriques, les tableaux de maîtres, les armes ciselées, les miroirs de Venise, les girandoles de Murano, les livres à images?

La Grèce a hésité entre les douze patries d'Homère, la Belgique et l'Allemagne revendiquent Rubens parmi leurs illustres enfants. Rubens est né à Cologne, mais Rubens est Flamand par l'origine comme par le génie. En effet, il était le fils d'un échevin d'Anvers que les proscriptions religieuses avaient chassé de son pays. D'ailleurs, il n'avait pas huit ans, il n'était pas encore né pour l'art quand il suivit à Anvers sa famille, qui revint habiter son ancienne maison, dès que le duc de Parme eut remis la ville d'Anvers sous la domination espagnole. Pierre-Paul Rubens naquit donc à Cologne[1] le 29 juin 1577, dans la même maison où soixante-cinq ans plus tard, par un de ces hauts caprices de la destinée, Marie de Médicis, à jamais immortelle par la palette de Rubens, mourait abandonnée, presque sans pain. Qui ne s'est

---

[1] « Il naquit à Cologne et mourut à Anvers, comme pour toucher à la fois au berceau et à la tombe de l'art flamand. » — H. FORTOUL. — *L'Art en Allemagne.*

arrêté tout ému et tout pensif devant cette maison à jamais célèbre dans la comédie humaine ! Rubens était fils de Jean Rubens, professeur en droit, et de Marie Pipelings. Son aïeul était originaire de la Styrie. Son père qui le destinait aux belles-lettres, lui fit aimer la langue latine. A peine était-il entré sérieusement dans l'étude que Marguerite de Ligne, comtesse de Lalaing, le prit chez elle en qualité de page. La dame aimait les beaux adolescents; Rubens avait une figure charmante, douce, pensive et spirituelle. Le génie tumultueux qui enflamma sa vie ne rayonnait pas encore sur son front. Il paraît même que les soupers licencieux de la comtesse de Lelaing ne furent pas longtemps du goût de Rubens, car il vint un jour tout rougissant appuyer son front sur le sein de sa mère en lui confiant qu'il ne voulait plus retourner dans un hôtel où l'on vivait comme dans un cabaret[1]. « Mon pauvre enfant, ton père est mort ; où iras-tu sans appui ? — Chez Tobie Verhaegt. — Tobie Verhaegt ? — Oui. C'est un paysagiste que j'ai vu chez la comtesse. » Rubens ne

[1] — HAGEDORN. —

fut pas peintre en naissant, comme tant d'autres qui apprennent à dessiner avant d'apprendre à écrire; quand il prit un pinceau, il s'imagina qu'il était né paysagiste. Les fortes natures se mettent presque toujours en route sans connaître encore leur chemin.

II.

Tobie Verhaegt était un artiste original, qui reproduisait la nature avec un certain caractère de grandeur, sans toutefois abandonner le sentiment naïf des paysagistes du Brabant; Rubens n'eut pas lieu de se repentir des études qu'il avait faites avec cet excellent artiste. Ce fut surtout avec lui qu'il apprit la science des tons aériens; il reconnut bientôt que ce n'étaient pas seulement des ciels et des rivières, des prairies et des montagnes, des fleurs et des forêts qui devaient tomber du chaos de sa palette, mais des hommes et des femmes, des pensées et des sentiments. Il entra à l'atelier d'Adam Van Oort, génie aventureux dont la hardiesse séduisit de prime-abord le jeune homme.

Adam Van Oort (1557-1641) était né à Anvers. Son père, peintre et architecte, fut son maître. Il puisa tout son génie dans les traditions nationales; il voulut être franchement de son pays, comme Abraham Janssens, que nous allons voir apparaître. La bonne ville d'Anvers n'avait plus de mœurs depuis que la guerre avait profané ses églises, depuis que les grands seigneurs avaient banni l'humble vertu du foyer, depuis que les grandes dames enseignaient l'amour à leurs pages. Adam Van Oort, trop tôt aveuglé par son génie, n'étudia bientôt que dans les tavernes enfumées, au milieu des filles de joie et des pots de vin. Peut-être son talent ne perdit-il pas en énergie et en couleur, mais nul sentiment élevé ne fleurit sur ses débauches de chair et de pampre.

Rubens avait été attiré à son atelier par un instinct secret pour ces débauches de chair et de pampre, mais surtout parce que tous les talents en germe étaient disciples d'Adam Van Oort, témoin Jordaens, Sébastien Franck et Van Balen.

Au temps où éclata le génie de Rubens, les

Pays-Bas comptaient encore, sans parler des Franck, des Breughel et d'Adam Van Oort, plus d'un grand artiste, comme Gaspard de Crayer, Henri Van Balen, Jacques Jordaens, Otto Venius.

Gaspard de Crayer, né à Anvers en 1582, mourut à Gand en 1669, âgé, comme on voit, de plus de quatre-vingt-six ans. Il étudia sous Raphaël Cocxie, qui n'était pas digne de porter ces deux noms. Il montra ses forces par quelques portraits de grands seigneurs qui proclamèrent son génie à la cour. Rubens fit un voyage à Bruxelles pour saluer de Crayer. Il le surprit devant une grande page religieuse. « Crayer, Crayer, lui dit-il avec admiration, personne ne vous surpassera. » Le cardinal Ferdinand et son frère le roi d'Espagne voulurent fixer Crayer à Bruxelles par une charge de cour, mais le grand artiste ne ressemblait pas à ses glorieux contemporains; il ne voulait vivre qu'en lui-même : comme Philippe de Champagne un demi-siècle plus tard, il s'élevait au-dessus des vanités du monde. Pourvu qu'il eût en main sa palette ou ses livres, il se moquait du bruit des glorieux; aussi mourut-il plein de jours. Quand la cour crut se l'attacher pour la vie par quelques hautes faveurs, il se déroba au monde, il s'enfuit à Gand, d'où nul ne parvint à le détacher ; il y vécut solitaire avec une sœur, dans l'amour du labeur intelligent [1].

Les tableaux religieux dominent dans l'œuvre de Crayer ; cependant plus d'un sujet profane égaie sa galerie. Bien qu'il n'ait visité ni l'Italie ni la Grèce, bien qu'il ait à peine étudié les débris du monde antique, il y a dans ses sujets profanes je ne sais quel accent d'Euphanor et de Zeuxis. Son chef-d'œuvre en ce genre, *la Danse des Nymphes*, n'a-t-il pas quelque vivant souvenir de l'art

---

[1] « Van Dyck, dans le premier voyage qu'il fit en Flandre pendant son séjour en Angleterre, passa par Gand pour y visiter son ami de Crayer et voir en même temps les progrès de son talent et de sa fortune. Dès le lendemain de son arrivée, il fut chez de Crayer, et, pour ne pas le manquer, il eut envie de le surprendre au lit. Comme il était très matin, le domestique ne voulut point éveiller son maître. Van Dyck insista et força le valet d'aller avertir notre peintre que Van Dyck était à Gand et qu'il l'attendait à sa porte. Ce nom frappa Crayer, qui sauta du lit, et, un bras seulement dans sa robe de chambre, il courut au-devant de Van Dyck, qui éclata de rire de le voir dans un si plaisant déshabillé. « Je veux, dit-il, vous peindre dans ce charmant désordre. » Il lui tint parole ; ce portrait tient un rang parmi ceux de nos grands artistes que Van Dyck a immortalisés par son pinceau. » DESCAMPS.

païen ? L'art a cela de beau qu'il crée les œuvres les plus opposées sans pourtant créer des monstres. Un rêve païen évoqué par la lecture du vieil Homère vient un matin, comme une fraîche haleine d'avril, traverser le cerveau rigoriste d'un peintre catholique et embaumer le froid ossuaire où gisent déjà les austères enfants de son génie. Le démon de la volupté a surpris les cœurs les plus pénétrés des saintes extases. Le pinceau de Gaspard de Crayer, tout sanctifié qu'il fût par les figures angéliques du christianisme, succomba plus d'une fois à cette ardeur amoureuse qui l'entraînait vers la beauté du contour, vers la grâce panthéiste. Dans tous les tableaux que Crayer peuplait des nymphes vêtues de l'air du temps, on trouve l'accent flamand sous le style païen ; les figures sont toujours coiffées avec un goût antique, les paysages sont élégants (les grandes lignes sans détails), les airs de tête ont une candeur pénétrante et voluptueuse.

Van Balen, on l'a vu, était élève d'Adam Van Oort avec Jacques Jordaens : il eut la gloire d'être le premier maître de Van Dyck. Il était né à Anvers, cette mère-patrie de presque tous les grands peintres des xvi⁰ et xvii⁰ siècles, vers 1560; il y mourut en 1638 [1]. Il fit de bonne heure le voyage d'Italie. Il y étudia le nu d'après l'antique et l'expression d'après Raphaël. Son pinceau, par sa grâce, sa délicatesse et sa fraîcheur, lui valut beaucoup d'argent et beaucoup d'amis. Il revint à Anvers déjà riche, excellent dessinateur et coloriste harmonieux. Il révéla surtout son style italien par un *Festin des dieux* et un *Jugement de Pâris*, où le charme de l'expression le dispute au charme du contour, car presque toutes les figures de ces deux toiles étaient nues. On cite parmi ses meilleurs tableaux religieux *Saint Jean prêchant dans le désert*, une *Annonciation*, une *Adoration des Mages*, *Jésus-Christ au milieu des docteurs*. Comme il avait reconnu dans Breughel de Velours une main sœur de la sienne, il lui faisait peindre souvent ses fonds et ses paysages : en revanche, il encadrait dans les guirlandes embaumées de

---

[1] Van Balen est enterré dans l'église Saint-Jacques en compagnie de sa femme, Marguerite Bries. On y lit cette épitaphe ornée de deux portraits :

Horum tuique, te memorem vult, benigne lector, beata spes mortalium.

son ami de fraîches et souriantes figures de Vierge [1].

Bien que Sneyders ait étudié comme Van Dyck sous Van Balen, on peut dire qu'il fut son maître à lui-même, car Van Balen lui enseignait la peinture historique, lorsqu'un jour il reconnut qu'il n'était pas né pour peindre des hommes, mais pour peindre des bêtes. Il débuta par une chasse au cerf qui fit sa fortune. Jusque-là on n'avait jamais représenté avec tant d'éclat et tant de vie les meutes ardentes et les chevaux éperdus. Le roi d'Espagne (Philippe III) ayant vu ce tableau voulut avoir vingt chasses de Sneyders; l'archiduc Albert le nomma son premier peintre, et Rubens, l'empereur de la peinture, l'appela pour peindre les animaux et les fruits de ses tableaux, déclarant qu'il saurait bien le payer en monnaie d'artiste. En effet, Rubens peignit presque toutes les figures des tableaux de Sneyders. Ces œuvres faites

---

[1] J'ai depuis cinq ans sous les yeux une adorable figure de Vierge peinte par Van Balen dans une guirlande de Daniel Seghers. Les fleurs, largement touchées, ont encore toute la fraîcheur du matin. Le sourire de la Vierge est si naïvement divin qu'il ne fatiguera jamais mon amour pour elle.

à deux semblent, par leur admirable harmonie, appartenir au même maître; c'est que Rubens et Sneyders avaient la même touche libre et fière, riche et variée, la même couleur ferme, chaude et dorée. Sneyders vivait sans doute familièrement avec les animaux; il les a représentés dans leurs passions, dans leurs fureurs, dans leurs larmes. Quelle vérité naïve et saisissante! Ses combats de chiens et de sangliers, ses duels de lions et de tigres, respirent une énergie sauvage qui vous monte à la tête. Ses forêts répandent je ne sais quelle amère et verte odeur qui révèle un paysagiste vivement épris de la nature. Il a laissé quelques figures, entre autres son portrait, qui témoignent que sans Rubens[1] il aurait pu faire un tableau complet. Mais pourtant ses plus beaux sont ceux dont Rubens a peint les figures, témoin celui de l'ancien archevêché de Bruges, où une femme enceinte touche des fruits avec plus d'avidité encore qu'Ève, sa première mère. On ne saurait dire où est le chef-d'œuvre. Les fruits sont admi-

---

[1] Il avait accepté la collaboration de Jordaens et de quelques autres aux conditions faites par Rubens.

rables : la rosée la plus fraîche a roulé sur eux ses perles embaumées, le soleil le plus doux les a dorés et empourprés ; mais cette femme qui les touche est si vivante, que déjà on voit jaillir le lait de ses mamelles fécondes.

Sneyders ne quitta point Anvers. Il y était né en 1579, il y mourut en 1657. Dans ses portraits gravés, on le représente entre un chien qui le regarde avec intelligence et une hure de sanglier. Sneyders porte un beau front et une barbe inculte.

Jacques Jordaens, né à Anvers le 19 mai 1594, fut une des natures les plus largement douées. Il atteignit l'âge de quatre-vingt-quatre ans, à peine épuisé par les vingt mille figures tombées de son pinceau. Nul ne fut plus âpre et plus ardent coloriste ; Rubens lui-même n'a pas surpassé l'éclat, la fraîcheur et l'énergie de sa palette. Jacques Jordaens ne quitta point Van Oort, comme Rubens, pour Otto Venius, d'abord parce que la hardiesse aveugle, la fougue sans frein du maître séduisait son esprit aventureux, né pour les fureurs de la palette, ensuite parce que le maître permettait à sa fille, la belle Catherine Van Oort, de descendre à son atelier. Jordaens, amoureux de Catherine, demeura fidèle au vieux peintre, alors même que tous les autres disciples avaient fui l'atelier avec indignation, tant Van Oort était tombé profondément dans la passion du vin et des filles. Jordaens épousa Catherine, tout en regrettant dans sa joie amoureuse de ne pouvoir plus faire le voyage d'Italie. Cependant, vers ce temps-là, il dit à tous ses amis qu'il faisait le voyage d'Italie. « Où vas-tu ? — En Italie. — D'où viens-tu ? — D'Italie. » Il allait tous les jours étudier chez un amateur qui possédait un précieux cabinet tout plein des Vénitiens. On reconnut bientôt sa puissante individualité. Tout en empruntant la science du coloris à Titien et à Rubens, la fureur de la touche et les hasards de l'expression à Adam Van Oort, il gardait une originalité bien vivace par sa verve et son exubérance, par la vigueur mal contenue de son pinceau toujours enjoué, abondant et facile. Le monde est semé de ses tableaux. Il arrivait à l'éclat mais non à la noblesse de Rubens ; son éclat, d'ailleurs, n'est pas toujours vrai ; sa touche enflammée semble indiquer plutôt la lumière de l'incendie que la lumière du soleil.

La Bible et la mythologie lui étaient pareillement familières; il enlevait aussi gaiement une figure de Vierge qu'une figure de nymphe. Ce qui lui manquait surtout, c'était la gravité de la touche et de la pensée, c'était la foi en lui-même ou en son œuvre. Né calviniste, élevé à l'école de Van Oort, qui l'était aussi et qui n'avait de religion sérieuse que le cabaret, son cœur n'a pas tressailli au sentiment qui vient de l'autel ou à l'idée qui vient du ciel. Peut-être a-t-il voulu être sérieux, mais nul de ses tableaux n'est profondément sérieux. Il se fit peintre allégorique pour une princesse de Nassau, comme Rubens pour Marie de Médicis. Si ses allégories ne sont pas plus heureuses que celles de Rubens, ses groupes ne sont pas moins triomphants, témoin le tableau où il a représenté le prince de Nassau dans un char emporté par quatre chevaux entourés de figures symboliques.

Jordaens vécut en grand seigneur, non comme Janssens et Rombouts, pour lutter contre le génie et les splendeurs de Rubens, mais parce qu'il aimait les chevaux, les palais et les belles étoffes. On ne lui payait pas ses œuvres aux prix de Rubens, mais il arrivait presque à un pareil revenu, parce qu'il peignait plus rapidement encore : il créait une figure comme par merveille, en deux ou trois heures. Après une vie agitée comme son génie, il mourut le même jour que sa fille, Élisabeth Jordaens, le 14 avril 1559. Il fut enterré avec elle dans le même tombeau où déjà dormait pour l'éternité sa chère Catherine Van Oort, en l'église réformée de la seigneurie de Putte [1].

Cependant Otto Venius, qui après Cocxie et Floris fut le Raphaël flamand, venait d'arriver à Anvers avec une grande renommée, au temps même où Rubens étudiait à l'atelier de Van Oort. C'était un savant historien, un fervent artiste, un peintre épris du style : Rubens alla à lui.

---

[1] La chapelle protestante de Putte fut abandonnée et tomba en ruines. Il y a deux ans à peine, on retrouva au bord de la route de Berg-op-Zoom, ensevelie dans le sable et le gazon, la pierre tumulaire de Jacques Jordaens. On peut lire encore l'inscription flamande, moins quelques lettres coupées par les roues des voitures. Peut-être la découverte singulière de ce tombeau donnera-t-elle l'idée d'élever une statue à ce vaillant coloriste.

FIN DU PREMIER VOLUME.

TABLE DES MATIÈRES

DU TOME PREMIER.

INTRODUCTION. — De l'Art. — Du Beau dans l'Art. — Du Beau idéal. — Du Beau pittoresque. — Des destinées de l'Art. — De l'Art chez les Flamands et les Hollandais. — Les Poëtes et les Historiens en Flandre et en Hollande. — Le Commencement et la Fin. 1

LIVRE I. — **NAISSANCE DE L'ART EN FLANDRE** — LES VAN EYCK (Hubert, Marguerite et Jean). — Origine de la peinture à l'huile. — OEuvre des Van Eyck. — École des Van Eyck. — HUGO VAN DER GOES. — ROGIER DE BRUGES. — JOSSE DE GAND. — VAN DER VEYDEN. — LIEVIN DE WITTE. — PIERRE CHRISTOPHSEN. — VAN DER MEIRE. — JOACHIM PATENIER. 57

LIVRE II. — **NAISSANCE DE L'ART EN HOLLANDE**. — ENGHELBRECHTSEN. — JÉROME BOSCH. — GUÉRARD DE SAINT-JEAN. — STUERBOUT. — JEAN MANDYN. — JEAN BOSCH. — JEAN SWART. — RICHARD AERTSZ. — ERASME. 112

LIVRE III. — **L'ART NATIONAL**. — HANS HEMLING. — LUCAS DE LEYDE. — QUENTIN METSYS. 131

LIVRE IV. — **ALLIANCE DU CARACTÈRE FLAMAND AVEC LE STYLE ITALIEN**. — I. VAN ORLEY. — COCXIE. — MABUSE. — II. SCHOOREEL. — MORO. — VERMEYEN. — VAN MEHLEM. — HEMSKERKE. — VAN KALKER. — GOUDA. — BARENTSEN. 167

TABLE DES MATIÈRES.

LIVRE V. — **LE STYLE ANTIQUE ET ITALIEN DANS LA PEINTURE FLAMANDE ET HOLLANDAISE.** — LAMBERT LOMBARD. — FRANC FLORIS. — LUCAS DE HEERE. — LES PORBUS. — LES FRANCK. — MARTIN DE VOS. — KOEBERGER. — VAN MANDER. — LES GOLTIUS. — SPRANGER. — JEAN D'YPRES. — LES VAN CLEEF. — JEAN LYS. — WILHELM KEY . . 204

LIVRE VI. — **SECONDE PÉRIODE DE L'ART NATIONAL.** — AERTGEN. — CLAEYSSENS. — MOSTAERT — BLOEMAERT. — AERTSEN. — BEUCKALAER. — BACKER. — CORNELIS. — LASTMAN. — PINAS. — SCHOOETEN. 249

LIVRE VII. — **LES FANTAISISTES.** — BREUGHEL LE DROLE. — BREUGHEL D'ENFER. — BREUGHEL DE VELOURS OU DE PARADIS. 266

LIVRE VIII. — **RUBENS.** — Contemporains de Rubens : I. ADAM VAN OORT. — GASPARD DE CRAYER — VAN BALEN. — SNEYDERS. — JORDAENS. 306

FIN DE LA TABLE DU TOME PREMIER.

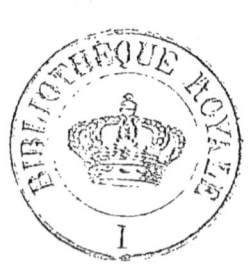

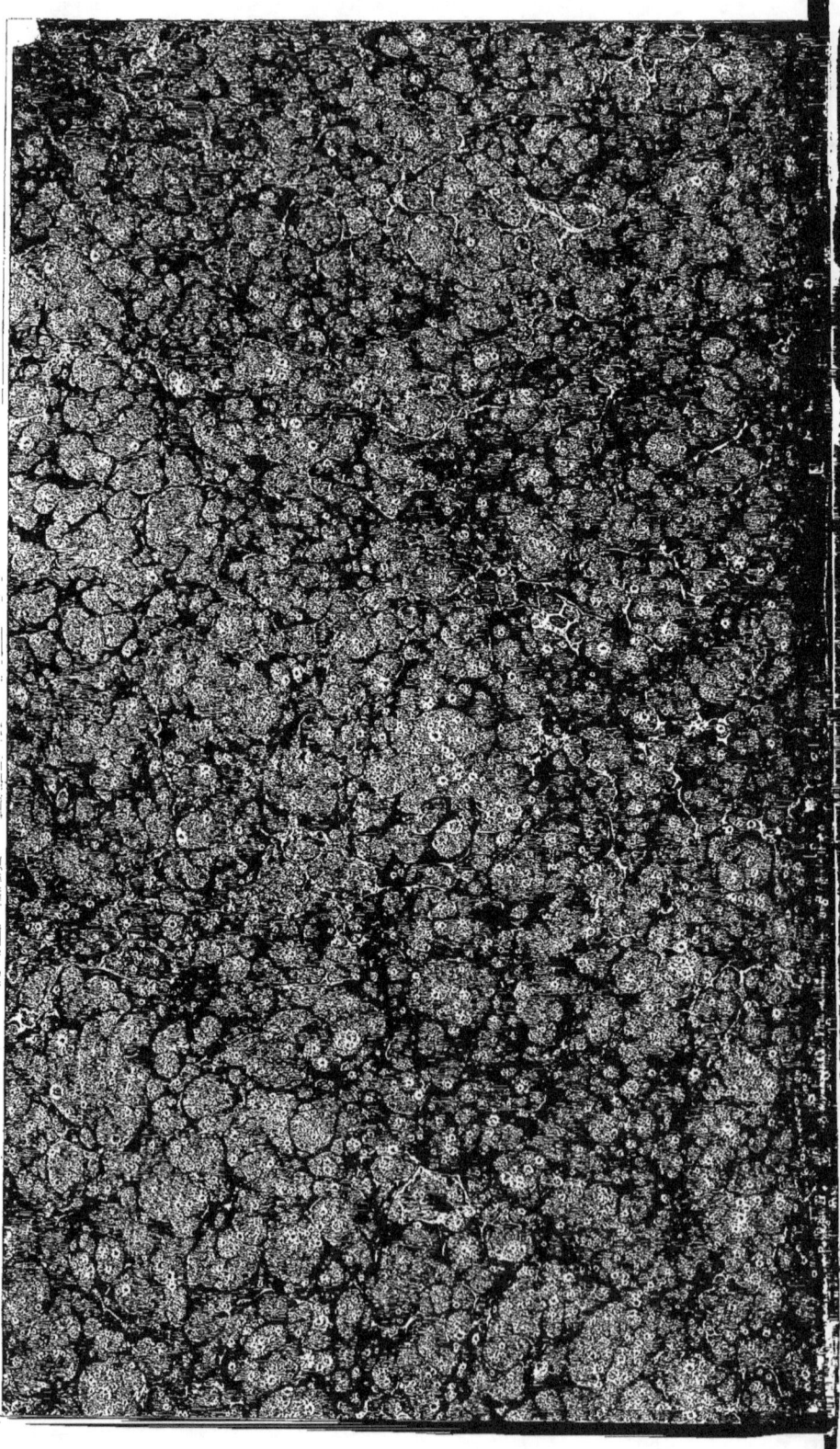

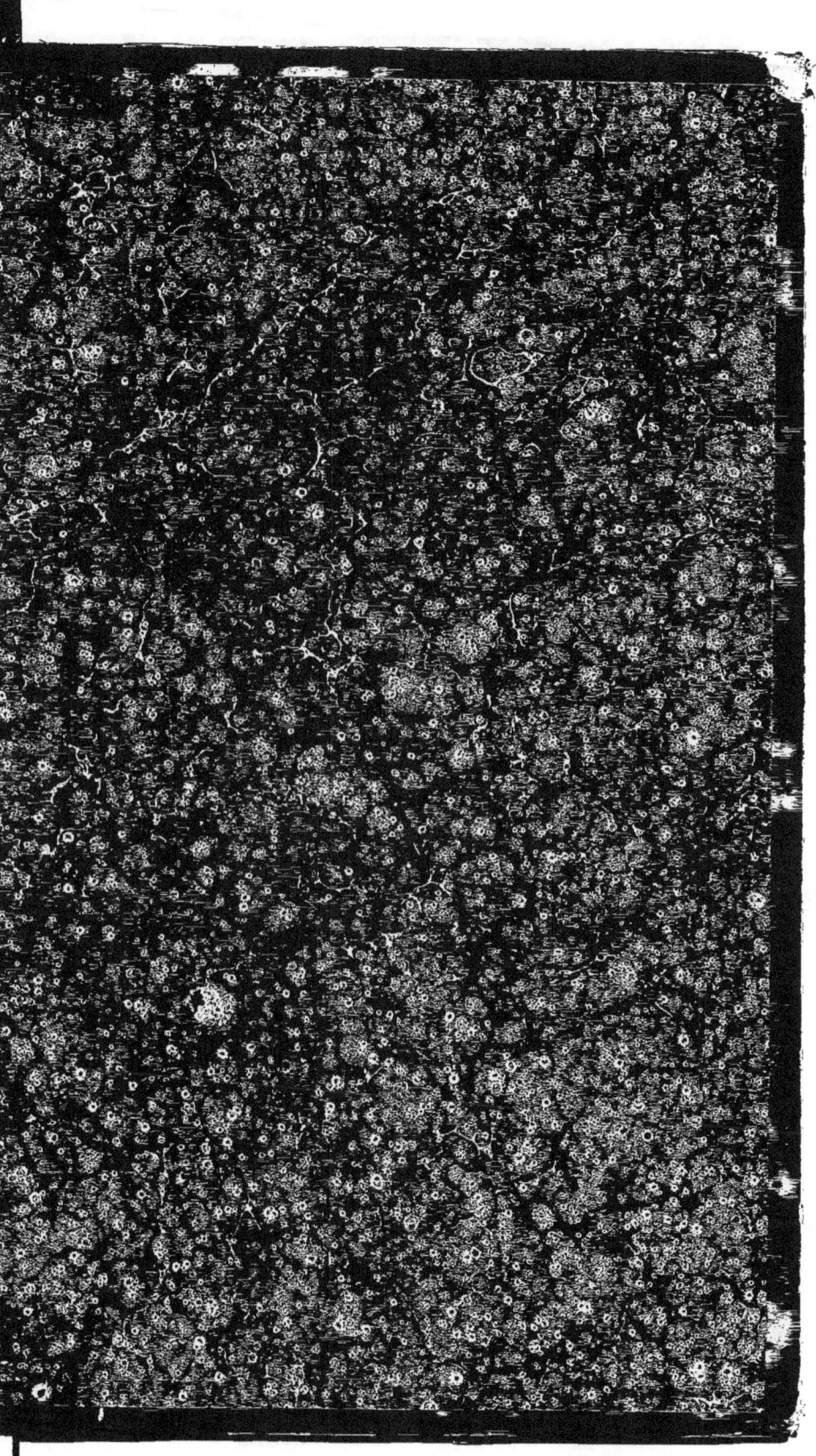

www.ingramcontent.com/pod-product-compliance
Lightning Source LLC
Chambersburg PA
CBHW050155230526
45470CB00001B/101